FACULTÉ DE DROIT DE PARIS.

DE

LA CONDITION DE LA MÈRE

AUX DIFFÉRENTES ÉPOQUES DU DROIT ROMAIN.

DE LA

PARTICIPATION DE LA MÈRE

A LA PUISSANCE PATERNELLE.

EN DROIT FRANÇAIS.

THÈSE POUR LE DOCTORAT

PRÉSENTÉE ET SOUTENUE

Le lundi 6 Juillet 1874, à midi.

PAR

Marcel ROUGÉ DE CHALONGE,

Avoc[illegible] la Cour d'appel,

Lauré[illegible] Faculté de Paris.

PARIS

IMPRIMERIE DE A. PARENT

rue Monsieur-le-Prince, 31.

1874

DE

LA CONDITION DE LA MÈRE

AUX DIFFÉRENTES ÉPOQUES DU DROIT ROMAIN.

DE LA

PARTICIPATION DE LA MÈRE

A LA PUISSANCE PATERNELLE

EN DROIT FRANÇAIS.

Paris. — Typ. A. Parent, rue Monsieur-le-Prince, 29 et 31.

FACULTÉ DE DROIT DE PARIS.

DE

LA CONDITION DE LA MÈRE

AUX DIFFÉRENTES ÉPOQUES DU DROIT ROMAIN.

DE LA

PARTICIPATION DE LA MÈRE

A LA PUISSANCE PATERNELLE.

EN DROIT FRANÇAIS.

THÈSE POUR LE DOCTORAT

PRÉSENTÉE ET SOUTENUE

Le lundi 6 Juillet 1874, à midi,

PAR

Marcel ROUGÉ DE CHALONGE,
Avocat à la Cour d'appel,
Lauréat de la Faculté de Paris.

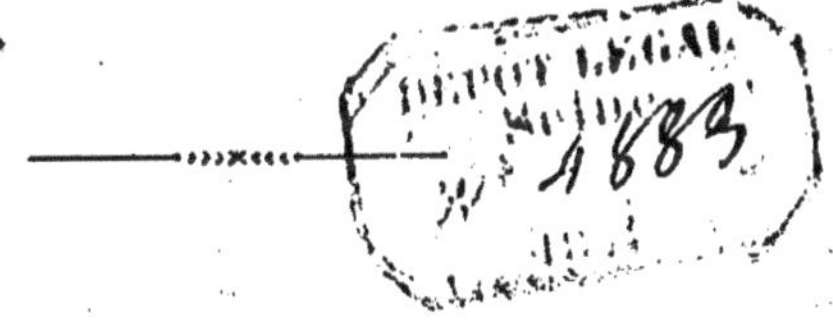

PARIS
IMPRIMERIE DE A. PARENT
rue Monsieur-le-Prince, 31.

1874

Bien des livres ont été écrits sur la condition de la femme : son rôle est si important dans l'État et dans la famille, sa capacité si délicate à déterminer dans les relations du droit privé, que de tout temps les jurisconsultes et les philosophes ont épuisé leur science à déterminer l'étendue et la limite de ses droits; et cependant le problème reste éternellement posé, tant sont nombreux et subtils les éléments de sa solution, incessamment modifiés suivant les temps et les lieux.

Les législateurs anciens ont traité la femme avec une rudesse presque brutale, parce qu'ils la redoutaient : le maître le plus tyrannique est celui qui sent son pouvoir menacé; or, aux yeux de la loi antique, il semble n'y avoir pas eu de milieu pour la femme entre l'asservissement et la domination. Etudiez sa condition comme fille, comme épouse, comme mère : vous verrez les législations grecque et romaine, pour ne parler que de celles-là, doubler et tripler ses liens, comme pour la condamner à une perpétuelle impuissance. Comment et sous quelle influence ces chaînes si étroites à l'origine finirent par se relâcher et tomber, par quel progrès la femme, triomphant d'une injuste méfiance, sortit d'esclavage et reconquit un à un tous ses droits : voilà ce que nous nous sommes proposé de montrer dans la première partie de cette étude, limitée à la condition de la mère romaine.

C'est un travail purement juridique que nous entreprenons ici, et nous serons même entraîné, un peu malgré nous, à toucher quelques-unes des matières les plus abstruses du droit romain ; mais là n'est pas l'intérêt de notre sujet : il est tout entier dans cette lente et progressive transformation de la législation primitive, que nous nous efforcerons avant tout de mettre en lumière. L'analyse approfondie d'un titre isolé du Digeste nous ferait pénétrer plus avant au cœur du droit romain et mettrait mieux en relief ses caractères distinctifs, la simplicité des principes et la merveilleuse rigueur de la logique. Mais notre étude, ce nous semble, est de nature à présenter un intérêt plus large : en déterminant la condition de la mère, c'est la famille et la cité romaine dont nous allons en quelque sorte présenter le tableau, et cette histoire intime de Rome est souvent plus attachante que celle de ses révolutions et de ses conquêtes.

C'est donc l'ensemble de la législation romaine que nous devons embrasser, depuis les temps presque fabuleux des premiers rois jusqu'au règne de Justinien. Cette longue suite de douze siècles peut se diviser en trois périodes : la première commence aux origines mêmes de Rome, et se termine à l'époque de ses grandes conquêtes, vers le sixième siècle de sa fondation : c'est le règne du droit primitif, rude et sacerdotal ; — la seconde, qui comprend l'époque d'Auguste et celle des grands jurisconsultes, se prolonge jusqu'à Constantin : le droit civil et le droit naturel sont alors en lutte ; — celui-ci triomphe définitivement dans la troisième période, et c'est une loi nouvelle qui s'établit avec le christianisme. Cet ordre historique sera l'unique plan de notre travail.

La condition de la mère dans le droit français ne comportait aucune étude de ce genre : obligé ici d'analyser les textes et de tenir compte de la jurisprudence, nous ne pouvions nous proposer d'analyser en même temps les règles sur la preuve de la filiation, sur la puissance paternelle, sur les droits successoraux. Contraint de nous restreindre, il nous a paru intéressant de mettre la famille moderne en opposition avec la famille antique et d'étudier à fond ce que Rome avait le moins connu, c'est-à-dire la participation de la mère à la puissance paternelle. Tel est le sujet dans les limites duquel nous voulons nous renfermer strictement; surtout, nous nous interdirons toute excursion dans le domaine législatif, et nous resterons sur le terrain du droit pur. Quant aux théories sans nombre que moralistes et littérateurs opposent à l'envi au système du Code, nous n'avons pas à les apprécier ici : parmi les revendications qui se sont produites au nom de la femme et de la mère, il en est peut-être de légitimes, mais toute discussion sur ce point serait inutile autant qu'inopportune; nous nous bornerons à exposer la loi, n'ayant qualité ni pour la juger ni pour la refaire.

DROIT ROMAIN

DE LA CONDITION DE LA MÈRE

AUX DIFFÉRENTES ÉPOQUES

DU DROIT ROMAIN.

Première période.

Si l'on étudie et si l'on compare, dans leurs principes et dans leurs traits généraux, les législations modernes et celles de l'antiquité, ce qui frappe tout d'abord, c'est dans les [illegible]s le maintien jaloux, dans les autres, le mépris ou plutôt l'ignorance absolue des droits individuels. Respect de la personne en elle-même et dans toutes les manifestations légitimes de son activité, voilà la base et le premier article de nos Codes : pour eux, la famille est l'ensemble des individus unis par les liens du sang et le droit de la famille n'est que la consécration écrite des devoirs imposés par une loi plus haute, que toute la mission du législateur se borne à définir et à préciser. L'État même n'a de droits qu'en tant que protecteur des droits de tous ses membres ; telle est l'étendue et la limite de ses pouvoirs : en deçà, il manque à sa mission tutélaire; au-delà, il devient usurpateur et tyrannique : tout, en définitive, dans nos sociétés modernes, émane de la personne humaine, tout y aboutit.

Voyez, au contraire, la société antique dans la pureté de sa constitution primitive : au premier aspect, rien de plus inique, de plus arbitaire que son organisation : ce qui préexiste, c'est la cité; ce qui est éminent et primordial, ce sont les droits de la cité; à elle tout est dû, et elle ne doit rien à personne. Elle peut tout exiger de ses membres : le service militaire, jusqu'à cinquante ans comme à Rome, jusqu'à soixante comme à Athènes, jusqu'à la mort comme à Sparte; — la répudiation d'une femme stérile qui usurpe la place d'une épouse féconde (1); — la mort d'un enfant chétif dont la république ne saurait attendre un mâle courage et un bras vigoureux. Les sentiments naturels, elle les méconnaît : les droits naturels, elle ne semble même pas en avoir eu la conception.

Et en effet, au-dessous de la cité, vous trouvez la tribu, puis la famille; au-delà il n'y a rien : pour employer une expression moderne en un sujet antique, la famille est la monade sociale : vis-à-vis de l'État, c'est elle qui doit le service (2) et l'impôt; dans les relations du droit privé, c'est elle qui est propriétaire, créancière

(1) Valère Maxime, II, cap. 1. — Aulu-Gelle, IV, 3 § 2 : — et XVII, 21 § 44.

(2) En ce sens au moins que chaque *gens* formait dans l'armée un corps distinct dont le *pater* était le chef. Cette organisation patricienne se maintint à Rome jusqu'à la division en centuries, introduite par Servius Tullius (Fustel de Coulanges, *Cité antique*, IV, 8).

et débitrice (1) : et elle se personnifie tout entière dans un chef, *pater*, titulaire de tous les droits et tenu de tous ses devoirs. Membres de la famille, les individus ne sont rien : la cité les ignore ; pour elle, ils se confondent et s'identifient avec le *pater familias*, et la *gens Fabia* ne compte pas moins dans Rome le jour où elle fut représentée par un enfant au berceau, qu'au temps où elle s'était chargée seule de la guerre contre tout un peuple.

De telles institutions ne sauraient être l'œuvre d'un législateur : il faut, avec l'auteur de la *Cité antique*, chercher la raison de leur existence et de leur durée dans les vieilles croyances de la race Aryenne, et dans la constitution religieuse de la famille patriarcale. Les premiers dieux ont été les dieux domestiques, le premier culte, celui du foyer et des ancêtres : de cette religion, le père, continuateur des aïeux, tige des descendants, était le prêtre naturel; chef du culte, il fut le chef de tous ceux qui y participaient, et son autorité fut sans limite et sans contrôle, en raison de son origine sacrée. Seul représentant de la famille, responsable de sa perpétuité vis-à-vis de la cité et des ancêtres devenus dieux, personne ne peut l'assister que de son consentement à l'autel où il sacrifie : or, quiconque est admis au sacrifice fait désormais partie de la famille, quiconque en est exclu n'est plus qu'un étranger (2). De lien naturel résultant de la communauté d'origine, il n'en est pas question : l'enfant n'a, dans la *gens* où la naissance l'a placé, aucun droit qu'il ait acquis ou

(1) Tite-Live, V, 32. — Denys d'Halicarnasse, XIII, 8.

(2) *Venire in sacra*, Cic., *pro domo*, 13. — *In penates adsciscere*, Tacite, *Hist.*, I. 15. — *In sacra transire*, Val.-Max., VII, 7.

puisse conserver sans la volonté du père; et ce nom même de *pater*, à Rome comme en Grèce, n'exprime qu'une idée de puissance et de domination (1).

Telle est la famille romaine : telle on la voit organisée antérieurement à toute législation écrite, et les lois, le jour où elles apparaissent, ne peuvent que reconnaître et sanctionner son antique constitution. C'est ainsi que les Douze Tables consacrent l'omnipotence du père de famille sur tous les membres qui la composent, et sur le patrimoine commun. Ces institutions se maintiennent dans leur primitive et puissante rudesse pendant les plus beaux temps de l'histoire de Rome; elles apparaissent comme le palladium de sa grandeur, et le jour où elles commencent à s'adoucir et à se dénaturer, l'on s'étonne à peine d'entendre Caton et Montesquieu parler de décadence, au moment même où les aigles romaines prennent leur prodigieux essor. Ce jour-là, Rome a cessé véritablement d'être Rome; elle n'est plus que la capitale, de l'Italie d'abord, puis du monde connu.

Dans cette famille où l'adoption peut introduire des étrangers, d'où l'émancipation peut chasser les descendants du sang, quelle peut être la condition de la mère? C'est ici que l'antique loi romaine paraît plus que partout ailleurs faire violence à la nature : elle ne reconnaît aucun lien qui ne soit un lien civil, et à ce principe fondamental, il n'est fait aucune exception en faveur de la mère. L'enfant peut être né d'un mariage légitime, d'un commerce irrégulier, d'un rapprochement

(1) Fustel de Coulanges, *Cité antique*, 3e édition, p. 99. — Ulpien, l. 195, § 1, D. *De verb. sign.* (L, 16).

fortuit; n'importe : la relation qui l'unit à la matrone, à la concubine ou à la prostituée, est la même aux yeux du droit civil, du moment que la filiation est légalement certaine; et la preuve en est toujours possible dans les idées romaines (1), l'accouchement étant un fait matériel également facile à constater dans tous les cas, quelle que soit d'ailleurs la légitimité de l'union qui a été féconde.

Mais la filiation constatée n'entraîne, on peut le dire, aucune conséquence. Plus tard, nous aurons à signaler entre la mère et l'enfant quelques obligations réciproques ou unilatérales; mais à l'époque où nous en sommes, quel rapport pourrait-on concevoir entre eux en cette qualité? La seule parenté légalement admise est l'agnation, qui suppose toujours une puissance exercée par un mâle (2). Aucun pouvoir, même de protection, n'est donc possible de la mère sur l'enfant; en dehors de la puissance dominicale, il n'en est point que la loi romaine confie aux mains d'une femme, et celle-ci, suivant l'énergique expression d'Ulpien, est à elle seule le commencement et la fin de sa famille : *Mulier familiæ suæ et caput et finis est* (3).

— Ainsi la maternité par elle-même ne donne à la mère aucun droit; mais supposons l'enfant né d'un mariage légitime : mis aux pieds du père de famille, maître et

(1) D'ailleurs, l'enfant n'avait à établir sa filiation maternelle qu'autant que sa mère ne l'avait pas reconnu comme sien dans son acte de naissance (Arg. l. 29, § 1 D., *De probat.*, XXII, 3), ou par tout autre acte passé ultérieurement avec lui. — Une reconnaissance tacite pouvait même suffire. — V. Van Wetter, liv. IV, 3.

(2) Instit., I, 15, § 1.

(3) L. 195, § 5. D., *De verb. signif.* (L., 16).

gardien du foyer, il a été par lui reconnu et agréé; le neuvième jour de sa naissance, il a été présenté au dieu domestique, et porté autour de l'autel (1); désormais il a un culte, des ancêtres, des agnats; quels rapports nouveaux cette sorte d'initiation va-t-elle établir entre la mère et le nouveau-né?

Aucun, si le mariage dont il est issu a été contracté sans la cérémonie religieuse de la *confarreatio*, si, à défaut, une *coemptio matrimonii causa* n'est point intervenue, si enfin la continuité de la vie conjugale pendant le cours d'une année n'a point fait entrer l'épouse dans la famille civile du mari (2). La femme alors est restée dans sa famille originaire, sous le pouvoir de son père ou de ses agnats; elle a pris le rang et la dignité de son mari, elle ne lui a emprunté ni sa parenté, ni son culte. Dès lors, elle ne se trouve point soumise à la même puissance que son fils. Aucun lien civil n'a pris naissance entre eux, elle lui reste étrangère.

Mais à l'origine et jusqu'à une époque assez avancée, il est certain que le mariage sans *manus* fut extrêmement rare; peut-être même fut-il, au moins dans les premiers temps, absolument inconnu. C'est ce qui est attesté par cette belle définition du mariage, que nous a transmise Modestin : *Nuptiæ sunt consortium omnis vitæ, divini atque humani juris communicatio* (3); le mariage est l'union de toute l'existence, la mise en commun du droit divin et humain. — D'ailleurs, la religion domes-

(1) Macrobe, *Sat.*, I, 17.

(2) Gaius, I, §§ 110 et suiv.

(3) L. I, D., *De ritu nupt.*, (XXIII, 2). Cf. Tite-Live, I, 9 : *Societas fortunarum omnium civitatisque*; — Denys d'Halic., II, 25 : Κοινωνία ἁπάντων χρημάτων τε καὶ ἱερῶν.

tique, entourée de tant de respect, pratiquée avec tant de scrupule, n'eût pas souffert la présence d'une étrangère près du foyer sacré, et la femme qui devait lui donner des prêtres ne pouvait rester attachée à un autel rival. Si donc la *manus* n'était pas une conséquence nécessaire du mariage même, en fait, elle était toujours établie par les cérémonies religieuses qui en accompagnaient la célébration. Dès lors, la femme passait dans la famille de son mari et se trouvait soumise à sa puissance; celle-ci, d'ailleurs, bien différente de la puissance maritale moderne, n'affectait aucun caractère particulier; la *manus* n'était autre que l'autorité domestique, en tant qu'elle portait sur la femme; c'était la puissance paternelle avec un autre nom (1).

Soumise au même pouvoir, participant au même culte que ses enfants, la mère se trouvait devenir leur agnate; mais le lien qui les unissait à elle ne résultait nullement de la filiation. Par la *conventio in manum*, la femme devenait la fille de son mari (2), par suite, la sœur de ses enfants, ou plutôt des enfants placés sous la puissance de son mari devenu son père de famille; car les fils et filles adoptifs de son époux étaient autant pour elle que ceux auxquels elle avait donné le jour. — Cette assimilation de la mère à une fille de famille était absolue : elle entraînait les conséquences les plus importantes, parfois même les plus bizarres.

En premier lieu, la mère devenant agnate des agnats de son mari, et se trouvant pour celui-ci *loco filiæ familias*, entre elle et les membres de sa nouvelle famille

(1) Gaius, I, §§ 108 et 109.
(2) Gaius, I, §§ 111 et 114; — III, § 3.

naissait une vocation réciproque à la succession que le droit civil ne pouvait admettre en dehors de la parenté civile. Le patrimoine de chaque famille était, en effet, considéré comme la propriété commune de tous ses membres, qui en remettaient la gestion à leur père et à leur chef; en sorte qu'à vrai dire, la succession n'opérait aucune dévolution : il y avait seulement partage d'un bien jusqu'alors indivis (1). — On comprend dès lors à quel point l'enfant, en dehors de la *manus*, demeurait étranger à sa mère; entre elle et lui aucune communauté possible, ni de religion, ni de parenté, ni de propriété; mais que la mère passe sous la puissance du mari, tous ces nœuds se forment à la fois.

Il y a plus, ils ne seront point dissous le jour où disparaîtra le chef sous la main duquel le droit civil a réuni la mère et les enfants : la *manus* s'est évanouie à la mort du mari; mais à ce pouvoir éteint un autre succède immédiatement, sans laisser à la femme un instant d'indépendance. Il faut qu'elle reste en puissance : fille, elle a été soumise à son père; épouse à son époux; veuve, elle va l'être à ses plus proches agnats, c'est-à-dire le plus souvent à ses fils (2).

(1) On voit dans Tite-Live (XXIV, 11), que le fils était classé et contribuait aux charges militaires d'après la fortune du père. — Cf. Inst., II, 19 § 2, *De hered. qual.* et surtout l. 11., D., *De lib. et post.*, (XXVIII, 2).

(2) Voici la théorie de M. Fustel de Coulanges, et l'origine qu'il assigne au pouvoir tutélaire des agnats : la femme, selon lui, ne peut jamais être chef de culte, elle ne peut avoir un foyer à elle; par conséquent, le père mort, elle reste auprès de l'autel domestiques dont ses frères sont devenus les pontifes. Cependant, il faut bien observer qu'une telle organisation de la famille suppose presque nécessairement l'existence à Rome du droit d'aînesse, et

On le voit, tel étant le caractère religieux et public de la puissance paternelle, on ne conçoit pas que la mère ait pu y avoir la moindre part. Soumise à l'autorité du mari, comment y serait-elle associée et quel titre pourrait-elle invoquer, puisque la famille est constituée abstraction faite de la nature? Le père est maître unique, dès lors absolu; il pourra faire sortir ses fils de la maison par une émancipation (1), ses filles par un mariage, sans que la mère ait à intervenir; il pourra la chasser elle-même par un divorce (2), rare d'ailleurs dans la pureté primitive des mœurs romaines, et briser ainsi tous les liens qui la rattachaient à ses enfants. Son droit de commander ne connaît ni responsabilité, ni limites; dans l'enceinte sacrée de sa maison, aucun pouvoir ne peut se poser en rival du sien : l'État même est impuissant.

— Répudiée, l'épouse ne rentre pas dans la maison d'où le mariage l'a fait sortir; elle demeure étrangère aux deux foyers où elle a successivement eu place, et,

c'est là certainement l'hypothèse la plus hasardée de l'auteur de la *Cité antique*.

(1) Si la mère n'avait ici aucun droit, il en était autrement du fils de famille lui-même : Paul dit expressément qu'il ne pouvait être émancipé que de son plein gré. (Sent., II, 25 § 5).

(2) Ou plus exactement, par une émancipation à la suite d'un divorce (Gaius, I, § 137). Il y a plus : le mari pouvait non-seulement répudier sa femme, mais encore la céder solennellement à un autre époux. C'était là, dit Strabon (Géogr., liv. XI), une ancienne coutume, à laquelle Caton se conforma en transférant son épouse Marcia à son ami Hortensius, qui la reçut en légitime mariage pour en avoir des enfants. Lucain, dans sa Pharsale liv. II, v. 327 et suiv.), célèbre pompeusement cette patriotique abnégation : c'est pousser un peu loin, ce nous semble, l'admiration des mœurs antiques.

condamnée à la solitude, elle ne peut avoir recours à l'adoption. Pour adopter, en effet, il faut avoir une famille et il faut en être le chef; l'adoption n'est qu'un moyen de faire naître la puissance paternelle, et cette puissance n'appartient jamais à la mère, même sur ses propres enfants (1). De sa personne même la femme ne peut rester maîtresse; le droit civil, on l'a déjà vu, lui interdit de demeurer jamais indépendante : les deux familles auxquelles elle a appartenu ont l'une après l'autre abdiqué leur pouvoir; c'est la cité qui se chargera désormais de l'exercer, et c'est le magistrat qui lui nomme un tuteur.

— Telle est, à Rome, la situation légale de la mère; en aucun temps, semble-t-il, et chez aucun peuple, elle n'a été réduite à un pareil état d'abaissement et de dépendance : jamais cependant, en réalité, elle n'a été plus influente et plus honorée. Méconnue par les lois, exclue des tribunaux et de la place publique (2), tenue en une perpétuelle sujétion, elle retrouve sous le toit domestique sa place et son influence légitimes. C'est là qu'assise près du foyer, et filant la laine, *domiseda, lanifica* (3), elle préside au gouvernement de la maison : les mœurs, plus puissantes que les lois, rendent à la mère tout le pouvoir que la défiance de l'État a voulu enlever à la femme. Elle participe à la dignité de son mari dans la famille comme dans la cité; c'est ce qu'atteste son

(1) Gaius, I, § 101.

(2) *Cum feminis nulla comitiorum communio est.* — Aulu-Gelle, Noct. att., V, 19.

(3) C'est l'éloge habituel qu'on lit dans les inscriptions tumulaires. V. Zell, n° 810, Orelli, numéros 4639 et 4848 ; — Tite-Live, I, 57.

nom même de *materfamilias*, qu'elle perd en devenant veuve(1) : elle est l'associée du père dans l'administration du patrimoine commun, son conseil écouté, la confidente de ses plus importants secrets, et son influence, d'autant plus puissante qu'elle est plus cachée, s'étend souvent de l'atrium jusque dans les assemblées du peuple et dans la curie même.

Bien plus, c'est à elle qu'est confiée l'education des enfants, c'est de ses mains que Rome a vu sortir les meilleurs et les plus grands de ses citoyens : et à une époque où la jeunesse était déjà livrée aux Grecs et aux affranchis, Horace trouve ses plus beaux accents pour regretter la forte et sévère discipline de la matrone d'autrefois (2). Aussi, rien n'égale le respect que conserve pour sa mère le Romain devenu consul et dictateur ; en armes aux portes de Rome, aigri par les plus mortels outrages, insensible aux supplications des vierges sacrées, Coriolan abandonne sa vengeance au seul aspect de Véturie : Caius Gracchus, à la prière de Cornélie, révoque une loi qu'il avait fait porter contre un ennemi privé (3), et c'est cette même Cornélie à qui le peuple romain tout entier éleva des statues, comme à la fille de Scipion et à la mère des Gracques.

(1) Cic. *Topic.*, 3. — Festus, v° *Mater familiæ*.
(2) Od., III, 6, v., 30-42.
(3) Marcus Octavius. — V. Plutarque, *Vie de Caius Gracchus*.

Deuxième période.

La famille patriarcale, dont nous venons de tracer le rapide tableau, ne peut se maintenir que dans un Etat limité, religieux et pauvre : telle était Rome à son origine, telle elle demeura tant qu'elle eut à lutter pour son existence, d'abord contre ses voisins immédiats, puis contre Carthage : toujours menaçante et toujours menacée, n'admettant entre elle et les peuples qui l'entouraient d'autres rapports que ceux de maître à sujets, elle se concentra pour ainsi dire en elle-même ; et dans ce perpétuel combat, l'organisation de la famille et de la cité romaine conserva sa force primitive et sa robuste simplicité.

Carthage abattue, Rome se vit sans rivale, et respira : le ressort vigoureux de sa constitution ne s'était point brisé dans la lutte : mais tendu jusqu'à rompre, il resta affaibli quand l'effort eut cessé. En même temps affluaient dans la cité les richesses immenses apportées par la conquête ; contre cet ennemi, le peuple romain se trouva sans défense, aussi sa défaite fut prompte :

Sævior armis
Luxuria incubuit, victumque ulciscitur orbem.

Et comme il arrive, la ruine des mœurs entraîna promptement celle des institutions.

Celles-ci, cependant, demeurent les mêmes en apparence : la famille semble toujours assise sur les mêmes bases, et régie par les mêmes lois : c'est toujours la *gens* avec ses *sacra privata* et son *paterfamilias* ; mais, si rien n'est changé à la surface, au fond une révolution ne s'en est pas moins accomplie. Tous ces liens autrefois si étroits se relâchent et se dissolvent : plus de culte commun, la foi aux dieux domestiques est morte, comme la foi aux autres dieux ; plus de patrimoine commun ; le fils garde pour lui sa part de butin : enfin la puissance paternelle a perdu son caractère sacerdotal et sacré ; elle a cessé d'être absolue le jour où les abus en sont devenus à craindre, et l'Etat a dû se faire le protecteur de la famille contre l'oppression de son chef. Le vieux corps de la famille romaine reste debout cependant, mais l'âme en est partie.

C'est alors qu'apparaît dans le *jus Quiritium* un élément nouveau, et que le droit naturel semble se révéler au législateur romain. C'est un fait remarquable que l'idée morale pénètre dans les lois de Rome le jour où la corruption des mœurs est devenue irrémédiable, et que le droit de la famille commence à tenir compte des affections naturelles à une époque où certes elles avaient perdu de leur pureté et de leur vivacité. Cependant, il n'y a rien là d'étrange : privée de son antique fondement, la famille dut se reconstituer sur une base nouvelle, et cette base ne pouvait se trouver en dehors du droit naturel. Les sentiments les plus profonds de l'âme humaine, si longtemps méconnus, trouvèrent un langage et reçurent leur consécration, dès que l'organisation despotique de la famille religieuse eut cessé de les opprimer. Mais, par un caractère particulier du génie romain qui évitait toujours les révolutions apparentes, la famille conserva sa forme ancienne avec des principes nouveaux (1) ; elle se perpétua ainsi, plus défigurée de jour en jour, jusqu'à l'heure où le christianisme vainqueur emporta ses derniers débris.

C'est pendant cette époque de transition qu'il nous

(1) La révolution est accomplie le jour où le jurisconsulte Marcien a pu dire : *Patria potestas in pietate debet, non in atrocitate consistere* (l, 5, D., *de lege Pompeià de parric.*, XLVIII, 9).

faut maintenant étudier la condition de la mère. Femme, elle est sortie de la sujétion traditionnelle où elle était tenue jusqu'alors ; elle s'est soustraite à la tutelle de ses agnats, et c'est elle maintenant qui tient ses tuteurs en son pouvoir (1) : en un mot, elle est émancipée dans la famille. Mais l'Etat s'effraie de sa liberté ; au lieu du pouvoir domestique disparu, c'est la puissance publique qui va replacer la femme sous le joug : les lois les plus défiantes sont portées contre l'infirmité du sexe, contre la fragilité féminine, et il n'est pas de frein que le rude Caton trouve trop dur pour maîtriser cet animal indompté (2). Dans cette esprit, il suffit de citer les lois Oppia, Voconia, Julia et Papia, enfin le sénatus-consulte Velléien, dont l'étude ne rentre pas dans notre sujet.

Mais la même méfiance atteint jusqu'à la mère, dont la grossesse, dans certaines circonstances, est l'objet de soupçons injurieux, et subit une brutale surveillance : c'est cependant cette même loi romaine qui la première avait formulé la règle : « *Pater is est quem nuptiæ dé-« monstrant* » : présomption sous l'empire de laquelle les sociétés vivent depuis des siècles, et qui témoigne en quelle estime la Rome ancienne tenait la femme et la mère. Autres mœurs, autres lois : rien de cette confiance ne se retrouve dans le sénatus-consulte Plancien, non

(1) Cic., *Pro Murenâ*, 12. — Le passage satirique de Cicéron, en fait, n'était certainement pas une hyperbole : et en droit, l'institution de la tutelle des femmes pubères n'exista plus que dans la forme, au jour où fut introduite la *tutoris optio* (Gaius, I, §§ 150-154) : lors même que la femme n'avait pas elle-même choisi son tuteur, l'autorité de celui-ci était nulle, puisque le préteur intervenait pour forcer son consentement ; et il en était ainsi dès le temps de Gaius.

(2) Tite-Live, XXXIX, 2.

plus que dans l'édit du préteur et dans le rescrit de Marc-Aurèle et Lucius Verus, qu'il nous faut brièvement analyser.

Trois situations distinctes sont prévues et réglementées :

1° La première hypothèse est celle de la femme divorcée qui se prétend enceinte : elle est réglée par le sénatus-consulte Plancien (1), dont la date, antérieure à l'époque d'Adrien, se place vraisemblablement vers les premières années du second siècle de l'ère chrétienne. La femme divorcée qui se dit enceinte doit, dans les trente jours du divorce, dénoncer sa grossesse au mari ou au père de famille du mari : celui-ci gardant le silence, sa paternité est par là même considérée comme établie. S'il veut conserver le droit de la décliner, il doit envoyer des gardiens qui surveilleront l'accouchement, et préviendront une supposition de part. De son côté, l'enfant a le droit d'établir sa filiation par le *præjudicium de partu agnoscendo* (2) : du reste, cette action lui appartient toujours, même à l'encontre d'une dénégation formelle opposée par le mari à la dénonciation de la grossesse, même au cas où la femme aurait dissimulé son état, ou refusé de recevoir des gardiens.

2° L'hypothèse inverse est prévue par un rescrit de Marc-Aurèle et Lucius Verus à Valerius Priscianus, préteur urbain (3). Un certain Rutilius Severus, qui venait de divorcer, prétendait que sa femme Domitia était enceinte, et, craignant une suppression de part, demandait l'autorisation de lui donner des gardiens. Les empe-

(1) L. 1, D., *De agnosc. et al. lib.* (XXV, 3).

(2) Nous verrons que cette action appartenait également à la mère. V. *infrà*, p. 38, note 2.

(3) L. 1, pr., Dig., *De insp. vent.* (XXV, 4).

reurs, en réponse, ordonnent d'envoyer Domitia dans la maison d'une femme de bien, où elle sera examinée par trois sages-femmes : si, à la majorité des voix, elles diagnostiquent une grossesse, le mari pourra organiser une surveillance; mais si aucun accouchement n'a lieu, il sera suspect d'avoir voulu porter atteinte à l'honneur de sa femme divorcée, et comme tel exposé à l'action d'injures.

3° Enfin, l'édit du préteur prévoit le cas le plus important, celui de la grossesse de la veuve (1), et rien n'égale la minutie de sa réglementation. Le préteur redoute une supposition de part, qui frustrerait de l'héritage du mari les ayant-droit à sa succession *ab intestat* ou testamentaire : aussi, dans le mois qui suit le décès, une dénonciation réitérée doit être faite aux intéressés; elle doit être renouvelée un mois avant l'époque présumée de l'accouchement, et une dernière fois au moment de l'accouchement même. Quant aux détails de la surveillance à laquelle la femme est soumise depuis sa première déclaration jusqu'au moment où l'enfant commence à parler, il suffit de renvoyer au texte même de l'édit : tout y est prévu, depuis le nombre des lumières qui doivent éclairer la chambre de l'accouchée, jusqu'à la manière dont doivent être barricadées les issues, et fouillées les personnes qui viennent assister à l'enfantement. Mieux valait assurément l'ancienne tutelle des agnats, que cet odieux et tracassier espionnage.

Mais, dans cette hypothèse, si le préteur se montrait soucieux de protéger la famille contre une fraude possible de la veuve, il ne témoignait pas moins de solli-

(1) L. 1, § 10, ibid.

citude pour les intérêts de l'enfant qui pouvait naître. Du moment que la grossesse était évidente, ou seulement incertaine (1), et que l'enfant, s'il venait au jour devait avoir droit à l'hérédité, la mère pouvait demander *ventris nomine* l'envoi en possession des biens du mari. — Bien plus, la vocation n'a pas besoin d'être certaine et irrévocable : notamment, peu importe qu'elle soit suspendue par une condition ; du moment que le posthume peut être appelé à l'hérédité, l'envoi en possession est dû à la veuve. Tel est le cas où le posthume a été exhérédé sous condition ; et la condition accomplie, ce qui a été consommé par la mère n'est sujet à aucune restitution : mieux vaut, dit très-raisonnablement le jurisconsulte, nourrir le posthume exhérédé, que de laisser mourir de faim celui qui aurait droit aux biens (2).

En réclamant l'envoi en possession, la mère doit provoquer la nomination d'un curateur à la personne et aux biens du posthume ; si le préteur nomme seulement un curateur à la personne, les créanciers ont droit de demander la garde de leur gage (3) ; mais en pratique, le même curateur est donné à la personne et aux biens.

La conservation et l'administration de la fortune du défunt lui sont confiées jusqu'au moment de l'accouchement, ou plus exactement jusqu'au moment où le droit du posthume est définitivement consolidé ou détruit. Il fournit à la mère tout ce qui est nécessaire à sa subsistance jusqu'à l'accouchement, vêtement, nourriture, logement : le tout, suivant la fortune et le rang du défunt, et sans que la succession ait jamais droit à une indemnité ; sauf le cas où la femme aurait obtenu l'envoi

(1) L. 1, § 14. D., *De ventre in poss. mitt.* (XXXVII, 9).
(2) Ulp., ibid., §§ 4 et 5.
(3) Ibid., § 17.

en possession, sachant bien qu'elle n'avait aucun titre pour l'obtenir (1).

Mais le droit de la mère lui est strictement personnel; si, frauduleusement, elle a transféré la possession à un tiers, celui-ci est contraint à restitution par la voie des interdits, et les intéressés peuvent réclamer à la veuve et à celui qui l'a en sa puissance, s'il a été complice de la fraude, la réparation intégrale du préjudice qui leur a été causé. L'action leur est donnée au-delà d'une année, *quia rei habet persecutionem* (2).

Les peines sont à peu près les mêmes pour le cas où la femme s'est fait envoyer en possession *calumniæ causa*: on a déjà vu qu'elle est alors astreinte à la restitution des aliments pris sur les biens; elle est en outre, comme dans l'hypothèse précédente, tenue de tout le dommage advenu par sa faute. Ici, seulement, l'action est annale et prend un caractère pénal (3); le préteur, disent les textes, en raison de sa facilité à prononcer l'envoi en possession, ne doit point laisser impunies les manœuvres tendant à l'obtenir sans droit.

L'envoi en possession prend fin par l'accouchement, par la fausse couche, enfin par la certitude acquise que la grossesse n'était point réelle (4).

Le droit dont nous venons de parler était accordé moins à la mère qu'à l'enfant qui devait naître d'elle; elle n'en profitait, pour ainsi dire, qu'indirectement. Il nous faut maintenant, entrant dans le vif de notre sujet, considérer les conséquences juridiques attachées à la

(1) Ibid., § 28.
(2) L. 1, § 4, D., *Si ventris nom. mul.* (XXV, 5).
(3) 1, § 3, D., *Si mul. ventr.* (XXV, 6).
(4) 1, § 27, Dig., *De vent. in poss. mitt.* (XXXVII, 9).

filiation maternelle par la législation de l'époque classique, et déterminer quels droits étaient reconnus à la mère, quels devoirs lui étaient imposés.

Ce qu'il faut constater avant tout, c'est qu'au moment où nous nous plaçons, aucun changement ne s'est produit dans le caractère de la filiation maternelle, tel que nous l'avons établi tout d'abord. Celle-ci, quelles que soient les circonstances, demeure toujours identique dans sa nature et dans ses effets : c'est le fait naturel de l'accouchement que la loi considère; ce lien matériel et physique est le seul qu'elle reconnaisse, et dans les rapports de l'enfant avec sa mère, aucune différence n'es établie entre le fils de famille et le *spurius*, entre l'héritier d'un nom respecté et le fruit de l'inceste ou de l'adultère. Le législateur romain, en déterminant d'après ce point de vue les droits et les devoirs de la mère, a donc entendu uniquement traduire en loi les prescriptions les plus impérieuses du droit naturel. C'est dans cet esprit que nous devons analyser son œuvre : le point le plus délicat et le plus intéressant de cette étude sera de préciser dans quelle mesure la filiation paternelle constatée va modifier la condition de la mère, et comment l'influence de la femme, nouvellement consacrée par le droit civil, va s'exercer à côté de l'antique puissance du père, la balancer en certains cas, et parfois même prévaloir contre elle.

Une dernière observation, avant d'arriver aux détails. De ce qui précède, il ne faudrait pas conclure qu'en fait et en droit, l'enfant issu d'une union irrégulière ne se rattachait pas plus étroitement à la mère que l'enfant né *ex justis nuptiis*; le lien juridique ne changeait pas de nature, mais il était, dans le premier cas, bien plus fort et bien plus serré. Et de toute nécessité il en devait être ainsi; en effet, du moment que l'enfant, pour une raison quelconque, ne se trouvait point à sa naissance placé dans sa famille paternelle, il fallait bien qu'il empruntât à sa mère, toujours connue et toujours certaine, ce que son père n'avait pas pu ou voulu lui transmettre, c'est-à-dire son nom, sa condition de libre ou d'esclave (1), de Romaine ou de pérégrine (2), son *origo*, son domicile (3). Mais s'il en était ainsi, c'était uniquement par suite de cette circonstance de fait, que l'enfant ne pouvait être légalement rattaché qu'à un seul de ses auteurs; et la preuve, c'est que, si les circonstances dans lesquelles l'union des parents a été formée permettent au père d'invoquer la *causæ* ou l'*erroris causæ probatio* (4), la personnalité juridique de l'enfant se trouve transformée de fond en comble; il en emprunte désormais tous les éléments à son père devenu son chef de famille; et cependant, les rapports qui l'unissent à sa mère restent identiques, identiques les droits et les obligations de l'un et de l'autre. Ce sont ces droits et ces obligations qu'il nous faut maintenant déterminer.

Le premier droit de la mère est le droit au respect, *reverentia*. Mais la loi romaine ne se borne pas, comme notre Code (5), à formuler en termes généraux une loi morale qui, transportée dans le droit civil, y demeure

(1) Instit., I, 3 § 4. — Marcian., l. 5, §§ 1-3, D., *De statu hom.* (I, 5).
(2) Gaius, I, § 92.
(3) l. § 2. D., *Ad municip.* (L. 1).
(4) Gaius, I, §§ 29-30, et 67-72.
(5) Art. 371 : « L'enfant, à tout âge, doit honneur et respect à ses père et mère. »

nécessairement pourvue de sanction ; ce devoir de révérence qu'elle impose à l'enfant, et qui existe d'ailleurs à l'égard de tous les ascendants, se précise en une triple application :

1° L'enfant ne peut, sans autorisation du préteur, traduire sa mère en justice (1).

2° En aucun cas, il ne peut intenter contre elle une action infamante, ni lui opposer l'exception de dol (2).

3° Enfin, il ne peut jamais la faire condamner au-delà de ses moyens (3).

C'était la maternité en elle-même que le législateur prétendait ainsi honorer : aussi n'est-il pas jusqu'au *vulgo quæsitus* qui ne soit tenu à ce respect légal ; les textes sont formels sur ce point (4). D'ailleurs, contre la fraude de la mère le fils ne reste point désarmé ; il obtient, au moyen d'une action *in factum*, la même réparation qu'au moyen de l'action de dol ; on adoucit seulement ce que la formule de cette dernière a de trop dur et de trop blessant : *In harum personâ dicendum est, in factum verbis temperandam actionem dandam, ne ex suo dolo lucrentur* (5).

Au même ordre d'idées se rattache un texte remarquable d'Ulpien (6), qui attribue au fils la curatelle de sa mère devenue folle : ici, comme dans l'ancien droit romain, nous trouvons un pouvoir du fils sur la mère ;

(1) L. 4, § 1, D., *De in jus voc.* (II, 4).
(2) Ulp., l. 11, § 1, D., *De dolo malo*, (IV, 3) ; — L. 4, § 16, D. *De doli mal. et met. except.* (XLIV, 4).
(3) Instit., IV, 6 § 38.
(4) L. 4, § 3, D., *De in jus voc.*
(5) Ulp., l. 11, § 1, et Paul l. 12, D., *De dolo malo*.
(6) L. 4, D., *De curat fur.* (XXVII, 10).

mais quelle différence! Ce n'est plus un droit qui lui appartient d'après la constitution de la famille, c'est un devoir qui lui est imposé au nom de la piété filiale, *pietas debebitur*. N'étions-nous pas en droit de dire qu'il y avait là toute une révolution?

— La mère, en second lieu, a droit à des aliments (1). Nous n'avons pas à insister sur ce point: il faut seulement remarquer que cette obligation ne grèvera efficacement que les enfants nés en dehors des *justæ nuptiæ*, ou émancipés; ceux-là seuls en effet, étant *sui juris*, peuvent avoir une fortune propre qui leur permette d'acquitter leur dette.

— Enfin, la mère a droit à la succession de ses enfants, depuis le jour où le préteur a reconnu et sanctionné le *jus cognationis*. Le développement de la législation sur ce point trouvera logiquement sa place dans la suite de ce travail.

Voilà pour les droits de la mère; ses obligations sont corrélatives.

En premier lieu, elle doit à ses enfants l'éducation et les aliments (2); les textes d'ailleurs ne distinguent pas nettement la dette d'éducation de la dette alimentaire (3). Cette obligation de la mère est la même dans tous les cas: seulement, la forme dans laquelle elle est acquittée varie suivant les circonstances.

Relativement aux enfants qui n'ont aucun père certain, c'est-à-dire aux *vulgo concepti* et aux enfants adultérins ou incestueux, la dette alimentaire, par la force

(1) Ulp., l. 5, § 1. D., *De agnosc. et al. lib.*, XXV, 3.
(2) L. 5, § 4. *De agn, et al.*
(3) V. cependant l. 5, § 12, D., *De agn. et al.*

des choses, pèse tout entière sur la mère (1). Mais il en est autrement si la filiation paternelle est certaine, c'est-à-dire pour les enfants issus du concubinat, du mariage du droit des gens, et du *contubernium*; dans ce cas, l'obligation dont il s'agit est imposée simultanément aux deux auteurs, sans incomber à l'un de préférence à l'autre; tenus au même titre, ils acquittent leur dette en commun, et si les facultés de l'un sont insuffisantes, l'autre y supplée sans avoir droit à aucune indemnité (2).

D'ailleurs, l'enfant hors puissance est en tutelle jusqu'à sa puberté, et peut avoir quelques biens : dans ce cas, le tuteur verse annuellement à la personne chargée de la garde et de l'éducation du pupille une somme fixée par le magistrat et prise sur ses revenus (3): les père et mère ne sont alors tenus que subsidiairement.

Il semble que ce qui précède n'ait aucune application au cas d'un mariage légitime; en effet, les frais d'éducation sont mis par les textes à la charge exclusive du père et des ascendants mâles paternels; la mère n'est tenue qu'après leur décès ou à leur défaut. Il y a sur ce point au Digeste une loi caractéristique : c'est un fragment d'Ulpien (4), où se trouve rapporté un rescrit de Marc-Aurèle à une certaine Antonia Montana, qui réclamait contre son mari le remboursement de dépenses par elle faites pour l'éducation de sa fille : son droit, au fond, est formellement reconnu par le prince; seulement, le juge devra examiner si les avances dont il s'agit

(1) L. 5. § 4, *De agn. et al.*

(2) Nonobstant la loi 5, § 14, *De agnosc. et al.*, qui s'applique évidemment au cas d'un mariage légitime.

(3) L. 2, pr. et § 1, D., *Ubi pup. educ. deb.* (XXVII, 2).

(4) L. 5, § 14, *De agnosc. et al.*

n'ont point excédé les limites du nécessaire, et si la mère ne les eût point vraisemblablement faites lors même que le père eût subvenu à l'entretien de l'enfant; s'il en est ainsi, l'affection maternelle suffit à les expliquer, et exclut la possibilité d'une répétition. De ce texte, on peut rapprocher un fragment de Paul prévoyant une hypothèse analogue (1); la question d'indemnité, dit le jurisconsulte, doit se résoudre purement en fait; la mère évitera toute difficulté en faisant des réserves lors de ses débours, et en déclarant qu'elle n'entend faire qu'une avance (2).

Il ne faudrait point croire cependant que le père fût seul chargé même des dépenses nécessaires. L'obligation n'est pas expressément imposée, comme dans notre Code, aux deux parents *ensemble* (3); mais la différence existe moins au fond que dans la forme; c'est le père qui est directement tenu de la dette d'éducation, mais la mère en a d'avance payé sa part par l'apport de la dot.

La dot, en effet, suivant la définition très-nette que nous a léguée le droit romain, est ce que la femme apporte au mari pour l'aider à soutenir les charges du mariage; et ici, quoi qu'on en ait dit, on voit apparaître l'idée d'obligations et d'intérêts communs, l'idée du ménage, en un mot. Or, on peut tenir pour certain que dans les mœurs et les usages romains, la dot était un élément essentiel du mariage. A l'origine, quand l'union conjugale ne se concevait point sans la *manus*, le père dont

(1) L. 34, D., *De negot. gest.*, III, 5.

(2) La même question se pose et reçoit une solution identique, relativement aux frais funéraires. V. l. 14, § 7, D., *De relig. et sumpt.*, XI, 7.

(3) C. civ., art. 203.

la fille passait à un autre foyer l'indemnisait par un don de la perte de ses droits successoraux dans sa famille originaire : les biens ainsi donnés en faveur du mariage étaient acquis, non à la femme, incapable de rien recevoir de son *paterfamilias*; mais à son mari : ils constituaient la dot de l'épouse, et devenaient la propriété de son nouveau chef de famille (1); tenu de toutes les charges, il acquérait ainsi les moyens de subvenir à leur accroissement. Plus tard, quand la *manus* eut disparu avec les croyances antiques et la famille qu'elles avaient fondée, quand l'ancienne indissolubilité du lien conjugal ne se retrouva plus que dans les définitions des jurisconsultes, et que la possibilité d'un divorce dût entrer dans les prévisions des futurs époux, la dot cessa d'être la propriété incommutable du mari, mais elle conserva son caractère et sa destination : surtout, elle fut plus que jamais l'accessoire, la condition indispensable du mariage, si l'on en juge par le soin avec lequel en furent réglementés le paiement et la restitution. Quand Auguste tenta l'entreprise de remettre la mariage en honneur, ou plutôt en usage, son premier soin fut de ménager aux veuves et aux femmes divorcées la possibilité d'une nouvelle union, et comment? par la conservation intégrale de leur dot : la dot est quelque chose de sacré ; à tout prix, il faut qu'elle soit sauvegardée ; sans cela, point d'époux à espérer, et le jurisconsulte en fait naïvement l'aveu : *Interest reipublicæ mulieres salvas dotes habere*, PROPTER QUAS NUBERE POSSINT (2). C'est le même

(1) D'ailleurs, les biens de la femme *sui juris* étaient acquis de la même manière à son mari, ou au chef de famille de celui-ci : V. Cic., *Topic.*, ch. IV, 23.

(2) L. 2, D., *De jure dotium*, XXIII, 3.

intérêt public qui transforma bientôt en obligation civile le devoir naturel du père de doter sa fille (1). Cette réforme fut la conséquence logique et nécessaire de cette autre loi (2) qui avait permis le mariage des enfants contre la volonté paternelle; le refus d'une dot, dans les mœurs nouvelles, équivalait au refus du consentement dans l'ancienne loi. De tout ce qui précède, on peut conclure que la règle du droit canonique, *nullum sine dote conjugium*, existait en fait à Rome, et que si la dette d'éducation était acquittée pour le tout par le mari, elle était en partie supportée par la femme.

Pour l'enfant en puissance, il y avait une raison de plus à cette obligation exclusive du père: C'est que toutes les acquisitions de ses fils de famille lui profitaient intégralement. Mais le devoir d'éducation était le même pour lui relativement à l'enfant émancipé, et cette loi se motive suffisamment par l'apport de la dot. Ici seulement, comme pour l'enfant né en dehors des justes noces, il faut observer que le père n'est tenu que subsidiairement, si l'émancipé a des biens personnels.

En cas de divorce, le mari restituait la dot, et n'en restait pas moins tenu en première ligne de l'entretien des enfants, dont la garde, pendant longtemps, lui fut exclusivement attribuée: il semble que dans ce cas, la contribution de la mère n'ait plus lieu. Mais il faut se rappeler que la loi qui autorisait le divorce reste lettre morte pendant plusieurs siècles, et que c'est seulement vers l'an de Rome 520 que la première répudiation

(1) Constitution de Sevère et Antonin-Caracalla; — V. l. 19, D., *De ritu nup.* (XXIII, 2).

(2) La loi Julia.

fut imposée à Sp. Carvilius Ruga par l'autorité des censeurs et la religion du serment. Or, dès le temps de Cicéron, on voit que le mari avait droit, en cas de divorce imputable à la femme ou à son père, d'exercer sur la dot certaines retenues *propter liberos* (1). Ces *retentiones* furent consacrées et régularisées par les lois Julia et Papia Poppæa : le mari gardait un sixième de la dot par chaque enfant, jusqu'à concurrence de la moitié.

La loi atteignait ainsi un double but : en premier lieu, elle sanctionnait l'obligation de la mère, même après le divorce, de contribuer aux frais de l'éducation de ses enfants, et de plus, elle punissait la femme coupable par la perte d'une partie de sa dot. Mais ce caractère pénal de la *retentio propter liberos* n'était que secondaire, puisque la dot était intégralement restituée à la femme même coupable, si le mariage était demeuré stérile, ou si les enfants qui en étaient nés étaient morts avant le divorce (2). Il y a plus : si la *retentio propter liberos* n'avait lieu de droit que dans le cas où le divorce était arrivé par la faute de la femme, il semble bien résulter des textes (3) qu'une convention introduite dans le pacte dotal pouvait étendre le droit du mari à tous les cas de *discidium*, et même augmenter la quotité de la retenue, peut-être jusqu'à autoriser pour

(1) Cic., *Topic.*, ch. IV, 19 : *Si viri culpâ factum est divortium, et si mulier nuntium remisit, tamen pro liberis manere nihil oportet.* Il résulte de ce texte, commenté et confirmé par Boèce, que la rupture du mariage n'est imputable à un époux par cela seul qu'il a notifié la répudiation, que dans le cas où aucune faute de l'autre ne l'a précédée.

(2) V. Pellat, *Textes sur la dot*, comment. frag. Ulp., § 10, t. VI.

(3) Fragm. Vatic., §§ 106 et 107.

un seul enfant la retenue de la dot entière. La mère assurait ainsi à toute éventualité, et, comme nous dirions, dans son contrat, l'existence des enfants à naître du mariage.

Dans la même intention, il pouvait arriver que la mère constituât une dot à son enfant, l'établissement par mariage étant, dans les idées romaines et dans la vérité des faits, le meilleur moyen d'assurer l'existence d'une fille; mais à la différence du père (1), elle n'y était point civilement astreinte : ici, l'obligation est véritablement imposée au père seul, et c'est de sa propre fortune qu'il doit l'acquitter. Mais, tout en proclamant qu'il s'agissait là d'un *paternum officium* (2), les jurisconsultes n'en reconnaissaient pas moins à la charge de la mère une obligation naturelle, que nous verrons plus tard civilement sanctionnée dans certains cas. Par suite, la femme qui dans l'ignorance du droit se serait crue tenue de doter sa fille, ne pourrait rien répéter de ce qu'elle aurait donné à ce titre; indépendamment de l'erreur, la *causa pietatis* subsiste, et suffit pour le maintien de la donation (3).

Jusqu'ici, nous n'avons parlé que des droits et des devoirs en quelque sorte matériels de la mère; mais notre étude ne doit point se borner là : il nous faut maintenant déterminer comment s'est modifié ce que l'on peut appeler sa condition morale, sous la double

(1) A partir d'un constitution déjà citée de Sévère et d'Antonin. V. *Suprà*, p. 26 note 1.

(2) *Neque enim leges incognitæ sunt, quibus cautum est omnino paternum esse officium, dotem vel antè nuptias donationem pro suâ dare progenie.* L. 7, Cod., *De dotis promiss.* (V. 11.)

(3) L. 32, § 2, D , *De cond. ind.* (XII, 6.)

influence du progrès de la législation et de la décadence de la puissance paternelle.

Celle-ci, par une révolution insensible que l'avénement du christianisme va consommer, a beaucoup perdu de son caractère primitif. Sacerdotale et absolue à l'origine, on a vu qu'elle concentrait entre les mains du père tous les pouvoirs et tous les droits; le père, pour les membres de sa famille, était le seul maître, le seul propriétaire, le seul juge; il était, dans l'enceinte de sa maison, le dépositaire de la puissance publique, et aucun contrôle ne pouvait l'atteindre dans l'exercice de sa souveraineté. Mais il vint un temps où l'État restreignit l'étendue d'abord illimitée de cette délégation : le jour où le pouvoir du magistrat romain n'expira plus au seuil du père de famille, la puissance de celui-ci changea de nature; dès lors apparaît l'idée d'un pouvoir protecteur fondé sur l'affection naturelle, dépourvu de tout caractère public, et auquel la mère va pouvoir participer.

Pour déterminer avec quelque précision le rôle de la mère dans la famille à l'époque classique, il faut la considérer successivement dans trois situations, mariée, divorcée, veuve.

— Tant que dure le mariage, sa situation ne semble en rien changée; nous voyons toujours l'autorité domestique remise tout entière aux mains du mari; celui-ci adopte ou émancipe, étend ou restreint la famille à son gré, sans que la mère intervienne plus qu'autrefois; pas plus qu'autrefois, son consentement n'est demandé ou son conseil sollicité légalement pour le mariage de ses enfants, même de ses filles. En un mot, tant que subsiste la vie commune, son autorité paraît nulle.

Peut-être, cependant, ce point de vue n'est-il pas absolument exact : certes, il n'est pas douteux que la puissance paternelle ne reste dominante; restreinte après plusieurs siècles d'absolutisme, elle conserve tous les attributs qui ne lui ont pas été enlevés, et c'est assez pour qu'elle éclipse absolument le pouvoir nouveau de la mère; mais ce pouvoir n'en existe pas moins. Pendant la vie commune, le droit civil suppose qu'il s'exerce concurremment et de bon accord avec la puissance paternelle, plutôt qu'il ne le méconnaît; la preuve, c'est que l'entente n'est pas plutôt rompue qu'on le voit apparaître distinct et rival. Que le père amène la séparation par ses torts de conduite, qu'il maltraite ou corrompe ses enfants, le divorce ne se bornera pas désormais à rompre le mariage; il mettra pour ainsi dire en liberté le pouvoir maternel : en vain le père invoquera son antique prérogative; c'est à la mère le plus souvent, comme à la plus digne et à la plus tendre, que seront remis les enfants.

L'existence à l'époque classique de cette puissance maternelle n'est pas une conjecture hasardée sans fondement; tout ce qui précède n'est en quelque sorte que le développement et le commentaire d'un texte d'Ulpien qui a déjà été cité, la loi 4, au Digeste, titre *de curat. fur.* (XXVII, 10) : « C'est au fils, dit le jurisconsulte, qu'appartient la curatelle de la mère atteinte de folie; car il doit à ses parents la même tendresse, malgré l'inégalité de leur pouvoir : — *Pietas enim parentibus, etsi inæqualis est eorum potestas, æqua debebitur.* » Tout se trouve indiqué dans ce fragment si court, le pouvoir de la mère à côté de la puissance paternelle, la prépondérance de celle-ci, enfin la base nouvelle de l'autorité domestique, désormais fondée sur le devoir de protection et l'affection naturelle. Aucune loi peut-être au Digeste ne mesure mieux le chemin parcouru par le droit depuis les XII Tables, ou même l'époque de Cicéron.

Il nous faut insister un peu sur l'attribution de la garde des enfants à la mère divorcée. Le premier document législatif sur ce point se rencontre vers le milieu du second siècle de l'ère chrétienne. C'est un décret d'Antonin le Pieux, confirmé par deux rescrits de Marc-Aurèle et de Sévère (1). Le magistrat n'est lié par aucune règle fixe; il a, suivant les cas, un plein pouvoir d'appréciation : le plus souvent, il sera déterminé à confier les enfants à la mère, soit par la faiblesse de leur âge, soit par la mauvaise conduite du père, mais toujours *ex justissima causa* (2). Ainsi, le sexe de l'enfant ne sera point par lui seul une raison suffisante de le remettre à l'un ou à l'autre de ses auteurs; mais le juge compétent pourra en tenir compte dans l'examen des circonstances de fait, et décider en conséquence (3).

L'atteinte portée à la puissance paternelle est d'ailleurs dissimulée le plus possible, par une sorte de respect pour la plus antique institution du droit romain : le père, disent les textes, alors même que la garde de ses enfants lui est enlevée, conserve tout son pouvoir (4); notamment, il peut toujours exercer l'interdit *de liberis exhibendis*, et il triomphera vis-à-vis de tout

(1) L. 1, § 3, D., *De exhib. lib.* (XLIII, 30.)
(2) Ibid. Cf. L. 3, § 5, D., *h. t.*
(3) L. unic., C., *Divort. fact. ap. quem.* (V, 24.)
(4) ... *Ut sine deminutione patriæ potestatis apud eam (scil. matrem), filius moretur.* L. 3, § 5, D., *De exhib. lib.*

autre que la mère ; mais à l'encontre de celle-ci, son droit n'est qu'une lettre morte, il est repoussé par une exception (1).

— Nous venons de voir en conflit la puissance du père et celle de la mère ; considérons maintenant le cas où le premier de ces deux pouvoirs a disparu. Désormais, la mère se trouve seule et face à face avec l'enfant ; quelle situation la loi va-t-elle lui faire ?

Tout d'abord, constatons qu'il ne s'opère à son profit aucune dévolution de la puissance paternelle ; elle n'acquiert aucun droit nouveau ni sur la personne, ni sur les biens de ses fils ou filles ; notamment, leur mariage continue d'avoir lieu sans son consentement ou son conseil. Elle n'a pas même un droit acquis à la garde de ses enfants devenus *sui juris*, et ce point mérite qu'on y insiste un peu.

On sait qu'à Rome, la garde et la tutelle n'étaient point nécessairement réunies ; bien loin de là, il était rare que la même personne fût simultanément préposée à l'éducation du pupille et à l'administration de sa fortune ; et il en devait nécessairement être ainsi. En effet, les fonctions de tuteur, en dépit de quelques textes dont le sens n'est plus douteux (2), se bornaient à la gestion des biens ; dans ces limites, on comprend que la tutelle, au cas où le père n'en avait pas disposé par testament, appartînt comme un droit aux héritiers présomptifs, premiers intéressés à la conservation et à l'accroissement du patrimoine qu'ils pouvaient espérer

(1) Même loi.

(2) V. notamment la loi 14, D., *De testam. tut.* (XXVI, 2.) Cf. cep. Paul. : *Tutor moribus pupilli præponitur.*

de recueillir un jour. Mais évidemment, en ce qui concerne la personne du mineur, leur intérêt était inverse, et les jurisconsultes romains ne craignent pas de mettre en relief cet antagonisme (1). Aussi le père faisait-il souvent pour la garde ce qu'il faisait pour la tutelle, et son testament disait à qui devait être confiée la jeunesse de ses enfants. Néanmoins, ce n'était point là pour le père un droit proprement dit; les parents réunis en une sorte de conseil de famille pouvaient s'adresser au magistrat, et celui-ci s'écartait quelquefois de la volonté exprimée dans le testament paternel; mais il fallait pour cela des motifs graves, tels que le péril de la vie ou des mœurs de l'enfant.

Si le père était mort intestat, le magistrat, préteur ou président de province, statuait en connaissance de cause et avec le concours des plus proches parents, *ex persona, ex conditione, ex tempore:* avant tout, la moralité de la personne choisie devait être au-dessus du soupçon (2).

Dans ces conditions, il est évident que le choix du père ou du magistrat devait le plus souvent se porter sur la mère. Il n'est pas ici question d'un droit pour elle; mais en fait, nul doute que, devenue veuve, elle ne continuât à diriger l'éducation de ses enfants, comme elle y présidait déjà du vivant de leur père; en cela, les mœurs traditionnelles suppléaient à la loi. Toutefois, ce n'est là qu'une conjecture, et il faut arriver jusqu'à l'année 224 de notre ère pour trouver un texte qui la confirme: c'est un rescrit d'Alexandre à un certain

(1) L. 1, § 1, D., *ubi pup. educ.* (XXVII, 2.)
(2) L. 1 et L. 5, D., *h. t.*

Dionysodore; l'empereur constate que la mère est naturellement désignée pour prendre soin de l'enfant; néanmoins, les autres parents peuvent lui en disputer la garde : le magistrat consultera uniquement l'intérêt de l'orphelin, et quelle que soit sa décision, chacun devra s'y soumettre (1).

Ainsi, ce qui appartenait à la mère, ce n'était pas un droit éminent dont elle ne pût être dépouillée que pour cause d'indignité; c'était une sorte de droit de préférence, comparable sous un certain rapport à ce que la loi romaine avait admis dans la matière de la tutelle sous le nom de *potioris nominatio* (2). D'ailleurs, la mère perd en se remariant tout droit à une désignation privilégiée : celle-ci se motivait uniquement par l'intérêt de l'enfant; or il y a fort à craindre que la maison d'un beau-père ne soit point pour lui le meilleur séjour.

Mais faut-il aller plus loin, et admettre que le seul fait du convol rende la mère incapable d'obtenir la garde de l'enfant? Telle était l'opinion de Pothier, suivie dans notre ancien droit par un certain nombre de parlements. Mais il s'en fallait que cette jurisprudence fût universellement reçue; il vaut mieux admettre, avec les plus illustres interprètes du droit romain, que le second mariage de la mère n'entraîne pour elle aucune incapacité, et que le juge conserve toute liberté pour statuer en fait (3).

(1) L. unic., C., *ubi pup. educ.* (v, 49.)

(2) Avec cette différence essentielle que si la *potioris nominatio* constituait un privilège, c'était au profit de ceux à qui elle permettait de décliner la charge de la tutelle.

(3) V. en ce sens Voet *ad Pandectas*, XXVII, 2; — Cujas, *Obs.* VI, 29; — Merlin, *Rép.*, V° Education. — L'opinion de Po-

— Voilà pour la personne du pupille : voyons maintenant si quelques droits étaient reconnus à sa mère relativement à l'administration de ses biens. Et d'abord, avait-elle la tutelle ?

Non, et par une raison péremptoire : c'est que la tutelle avait le caractère d'une charge publique, et dès lors n'était pas accessible aux femmes (1). Qu'elle soit testamentaire, légitime ou dative, peu importe : Papinien s'en explique formellement pour le cas de la tutelle testamentaire : « C'est en vain, dit-il, que le testament du père confie à la mère la tutelle des enfants communs : si, par ignorance, un président de province a donné suite à la volonté du testateur, son successeur ne devra pas maintenir une décision que réprouvent nos lois » (2).

Telle était la rigueur du droit : mais il semble bien qu'en fait, un tempérament y ait été apporté ; si le père, confiant en la tendresse maternelle, *pietatis fiducid*,

thier peut sembler confirmée jusqu'à un certain point par un fragment de Terentius Clemens, la loi 62, § 2, D., *De condit. et demonst.*, (XXXV, 1), d'où il paraît bien résulter que la mère ne pouvait conserver la garde en cas de convol. — Mais Cujas n'hésite pas à repousser cette opinion, en se fondant sur les lois 32, § 1, D., *De adopt.* (I, 7) et ult. C., *De contr. jud.* (V, 48). Le premier de ces deux fragments surtout lui fournit un argument convaincant : on y voit autorisée, contrairement au droit commun (V. L. 17, pr. D., *De adopt.*), l'adoption d'un impubère par son tuteur, quand celui-ci est en même temps son beau-père, *quia (vitricus) penè patris loco est.* — Enfin, on peut invoquer dans le même sens un passage de Dion Cassius, où il est rapporté qu'un certain G. Octavius fut élevé chez son beau-père (v. Cujas, comm. sur Papinien, *Quæst.* XXXI, 2.)

(1) L. 16 et 18, D., *De tutelis* (XXVI, 1). L. 2, D., *De reg. juris* (L. 17.)

(2) L. 26, pr., D., *De test. tut.* (XXVI, 2.)

avait manifesté dans son testament le désir de voir sa veuve prendre l'administration des biens de ses enfants, il semble bien que la mère puisait dans cette désignation des pouvoirs qu'elle n'eût point trouvés dans une simple gestion d'affaires (1). Elle n'était point tutrice, aussi les actions directe et contraire de tutelle ne pouvaient être invoquées contre elle ni par elle; néanmoins, elle remplissait les fonctions d'un tuteur, sous les réserves suivantes :

1° Elle ne pouvait, même à ses risques et périls, constituer à l'enfant un *actor litium causâ*;

2° Elle ne pouvait agir en justice en son nom;

3° L'aliénation des choses de son patrimoine lui était interdite;

4° Enfin, elle ne pouvait libérer ses débiteurs, même en recevant paiement.

C'est ce qui résulte d'un fragment de Papinien, isolé au milieu du titre de la gestion d'affaires (2). Aucun autre texte (3) n'a trait à cette administration de la mère, aussi bien des points restent ils obscurs : notamment, un tuteur était-il adjoint à la mère ainsi désignée, à l'effet d'autoriser les actes pour lesquels elle n'avait point qualité? Ce tuteur était-il permanent, ou nommé *certæ causæ*? L'administration de la mère cessait-elle à la puberté, comme la tutelle, ou était-elle prolongée, comme la curatelle, jusqu'à la majorité de vingt-cinq ans? Autant de difficultés qui restent forcément insolubles.

(1) L. 88, D., *De solut.* (XLVI, 3.)
(2) L. 31, § 6, D., *De neg. gest.* (III, 5.)
(3) V. cep. la L. 2, § 25, D., *Ad set. Tertyll.* (XXVIII, 17.)

Mais il y a plus : un texte positif de Neratius (1), tout en déclarant les femmes exclues en général de la tutelle, ajoute que la mère peut être relevée de son incapacité par une décision expresse et spéciale du prince. Il s'agit ici d'une tutelle proprement dite ; malheureusement, ce fragment, comme celui de Papinien, n'est éclairci par aucun autre (2), et laisse place à des doutes nombreux.

— Quoi qu'il en soit, on ne doit pas hésiter à poser en règle générale, que la tutelle échappe à la mère ; mais si elle lui est refusée, c'est par des raisons qui tiennent au droit public : quelle que soit la législation, c'est toujours dans la sollicitude maternelle que l'enfant trouve la protection la plus efficace de sa personne, et la meilleure sauvegarde de ses intérêts. Le droit civil romain ne l'ignorait point : contraint de refuser la tutelle à la mère, il lui reconnut et lui imposa une mission supérieure, d'où résultait pour elle une double obligation.

1° Quand il y avait lieu à la nomination d'un tuteur par le magistrat, il pouvait arriver que celui-ci n'y procédât point d'office, et que cette nomination ne fût point provoquée par ceux que la loi y conviait, parents, alliés, amis du défunt et du pupille. La mère alors devait intervenir (3) : la loi lui en faisait un devoir

(1) L. 18, D., *De tut.* (XXVI, 1.)

(2) Tout au plus peut-il sembler confirmé par la loi 16, pr., *h. t.*, qui est de Paul : *Tutela plerumque virile officium est.*

(3) Les textes règlent avec détail cette obligation de la mère : le tuteur qu'elle présente doit offrir toutes les garanties de moralité et de solvabilité ; la nomination par le magistrat ne couvre pas à cet égard la responsabilité de la mère. La même obligation lui incombe de nouveau en cas de mort, excuse ou destitution d'un premier tuteur. Enfin, la nomination doit être demandée le

strict, et elle châtiait sa négligence avec la dernière rigueur, en l'excluant comme indigne de l'hérédité légitime de ses enfants (1).

2° Le tuteur nommé, une nouvelle obligation prend naissance pour la mère ; à elle le soin de surveiller sa gestion, le devoir de le faire écarter comme incapable, le droit de le dénoncer comme infidèle : devant l'intérêt de l'enfant, la pudeur du sexe doit céder, et le droit d'accusation est exceptionnellement ouvert à la mère (2).

Terminons en observant que celle-ci n'était point tenue de même de provoquer la nomination d'un curateur (3) ; mais, une fois nommé, elle avait le même droit de surveillance sur son administration.

— Si la mère, de son vivant, n'avait pas la tutelle, à plus forte raison ne pouvait-elle par testament nommer un tuteur à ses enfants impubères. C'était là un droit

plus tôt possible, au plus tard dans le délai d'une année. — Cependant, si l'enfant est insolvable, la mère est excusable de n'avoir provoqué la nomination d'aucun tuteur : en laissant le mineur *indefensus*, elle lui a rendu service, car elle l'a soustrait ainsi aux poursuites de ses créanciers (Ulp., L. 2, §§ 23-41, D., *Ad sct. Tertyll.* (XXXVIII, 17.)

(1) L. 2, § 1, D., *Qui petant tut.* (XXVI, 6) : voy. *infrà*, p. 71, mais il faut observer que cette exclusion n'était prononcée contre la mère qu'autant qu'elle était majeure de vingt-cinq ans au moment où la nomination du tuteur aurait dû être provoquée : de plus, si l'enfant mourait pubère sans avoir exclu sa mère dans son testament, la loi considérait que la négligence de celle-ci lui était pardonnée, et l'admettait à l'hérédité.

(2) Instit. I, 20, § 3. La mère remplit ici l'office d'une sorte de subrogé-tuteur. D'ailleurs, ce rôle de protectrice lui appartient dans d'autres cas : c'est ainsi, notamment, qu'elle a droit au nom de l'enfant d'intenter contre le mari ou son chef de famille l'action *de partu agnoscendo*. (V. L. 3, §§ 1-2, D., *De agn. et al.* (XXV, 3.)

(3) L. 1, D., *Qui petant tut.* Cf. L. 6, C., *eod tit.* (V. 31.)

exclusif du père, et on en connaît l'origine : elle se trouve dans cette disposition fameuse de la loi des XII Tables, qui met à sa discrétion absolue le sort de sa famille et de son patrimoine : *Uti legassit super familiâ tutelâve suæ rei, ita jus esto;* en sorte qu'il faut reconnaître, dans cette faculté de nommer un tuteur testamentaire, un attribut et une énergique manifestation, de la puissance paternelle se survivant en quelque sorte à elle-même jusqu'à la puberté du pupille (1).

On comprend qu'un pareil droit n'ait jamais été reconnu à la mère; le testament même ne lui fut librement permis qu'assez tard (2). Mais, ici encore, les jurisconsultes trouvèrent moyen de tourner la loi et de ne lui laisser que l'apparence de son ancienne rigueur. La mère, dans son testament, n'avait qu'à instituer son enfant, condition dont sa tendresse lui rendait l'accomplissement facile; dès lors, elle avait droit de veiller à la conservation des biens qu'elle lui laissait, et de nommer un tuteur à cet effet (3). L'artifice est visible : il apparaît surtout dans le texte de Modestin cité à la note précédente : *Mater non nisi instituto tutorem dare potest*, QUASI IN REM POTIUS QUAM IN PERSONAM TUTOREM DARE VIDEATUR. D'ailleurs, le tuteur ainsi nommé devait être confirmé par le préteur ou par le proconsul, et confirmé après enquête; l'on voit ici apparaître cette

(1) M. Accarias, *Précis de droit romain*, t. I, p. 201.

(2) Gaius, I. § 115.

(3) L. 4, D., *De testam. tut.* (XXVI, 2).—Ce texte établit de la manière la plus nette la nécessité de l'institution; il n'y a rien à induire du silence de la loi 2, pr.; *De confirm. tut.* (XXVI, 3); quant à la loi 4, C., *De test. tut.* (V, 28) la négation de la seconde phrase a été évidemment interpolée.

méfiance qui, dans le droit romain, s'attache toujours aux actes de la femme. Le tuteur confirmé n'était pas tenu de donner caution (1).

Voilà tout ce que les textes nous apprennent touchant cette nomination d'un tuteur dans le testament maternel; et ici encore, ce laconisme laisse bien des questions sans réponse. Il y a surtout une difficulté qui est capitale : le droit dont il s'agit ne peut évidemment appartenir à la mère qu'au cas où le père est prédécédé; mais s'il en est ainsi, l'enfant qui va rester orphelin est déjà nécessairement pourvu d'un tuteur, testamentaire, légitime ou datif; et dès lors, un conflit est inévitable à la mort de la mère. La volonté de celle-ci va-t-elle prévaloir sur le pouvoir traditionnel du père de famille, sur le droit des agnats, sur le choix du préteur? ou plutôt, les fonctions de ce nouveau tuteur ne seront-elles point limitées à l'administration des biens laissés par la mère, malgré la règle fondamentale qui étend la tutelle à l'ensemble du patrimoine (2)? Nous inclinons vers cette dernière solution, que le texte déjà cité de Modestin semble confirmer dans une certaine mesure.

— En outre de la nomination du tuteur, la loi romaine reconnaissait au père un autre pouvoir bien plus exorbitant : c'était le droit de régler dans son testament la succession de son fils, en prévision du décès de celui-ci avant l'époque de sa puberté. C'est ce qui constitue la

(1) L. 2, pr., D., *De conf. tut.* (xxvi, 3.)

(2) La loi 12, D., *De test. tut.*, est cependant bien formelle, et vise spécialement le cas d'une tutelle testamentaire : *certarum rerum vel causarum testamento tutor dari non potest, nec deductis rebus.*

substitution pupillaire, institution bizarre, toute spéciale au droit romain, et dont la raison d'être est d'ailleurs mal connue, par suite de l'antiquité de son origine. Mais quel que soit le but dans lequel la coutume l'avait établie (1), qu'elle ait voulu assurer ainsi la transmission des *sacra* aux mains les plus pieuses, ou soustraire le pupille aux embûches des agnats appelés à son hérédité légitime, de toute manière, c'est au testament du père seul qu'une telle puissance pouvait appartenir. Plus tard, et après même que le progrès du droit eut en quelque sorte reconnu et consacré législativement l'affection maternelle, l'enfant ne fut nullement intéressé à ce qu'une substitution pupillaire pût être écrite dans le testament de ses deux auteurs : or nous avons constaté, en nous occupant de la garde et de la tutelle, que l'intérêt de l'enfant est le seul fondement du droit de la mère ; la substitution pupillaire resta donc le privilège exclusif du testament paternel.

Cependant, par une analogie remarquable avec ce que nous venons de voir dans la matière de la tutelle, un artifice des jurisconsultes créa pour la mère un droit de double disposition assez semblable à celui du père, mais seulement sur les biens transmis par elle à ses enfants. Le moyen employé était simple : la mère instituait son fils sous la condition *quum pubes erit*, et, en cas de défaillance de l'institution, c'est-à-dire en cas de mort de l'héritier avant sa puberté, elle lui substituait vulgairement celui auquel elle voulait faire arriver ses biens (2). Le résultat était assez analogue à celui

(1) Instit. II. 16 *pr.*
(2) L. 33, pr. Dig., *De vulg. et pup substit.* (XXVIII, 6.)

de la substitution pupillaire; cependant, il était loin d'y avoir identité. Nous nous bornerons à signaler deux différences capitales : en premier lieu, la mère ne pouvait arriver à son but qu'en instituant l'enfant, tandis que le père pouvait faire le testament de son fils, même exhérédé; en second lieu, le substitué pupillaire était l'héritier de l'enfant, tandis que la mère ne pouvait jamais disposer que de sa propre hérédité : de là de nombreuses conséquences (1) qu'il est inutile d'énumérer ici.

— Ainsi, nous voyons la mère acquérir un à un et sans bruit les droits que lui refusait la défiance ou l'arbitraire de la vieille loi romaine, et chacun de ses progrès est une conquête définitive. A la fin du troisième siècle de notre ère, il lui est fait une dernière concession : elle obtient la permission d'adopter. Nous avons suffisamment montré le caractère de l'adoption dans l'ancien droit romain : on sait quel lien étroit la rattachait à la puissance paternelle, comment elle avait pour but d'assurer la perpétuité du culte domestique, dans quelles formes elle avait lieu devant le magistrat : autant de raisons qui en écartaient absolument la femme, et ne la rendaient accessible qu'au seul *paterfamilias*. Mais avec le temps, et à la suite du changement survenu dans le caractère de la puissance paternelle, la nature primitive de l'adoption se modifia singulièrement : à l'époque classique, bien que la révolution consommée par Justinien soit encore lointaine, l'adoption a cessé d'entraîner le renouvellement complet et définitif de la

(1) Notamment en ce qui concerne la *querela inofficiosi testamenti*, l'imputation sur la légitime, etc.

personnalité juridique de l'adopté : sans doute, celui-ci change toujours de famille, mais les effets de cette mutation ne sont ni absolus ni irrévocables, notamment en ce qui concerne les droits successoraux de l'adopté dans sa famille originaire (1) ; enfin et par dessus tout, l'antique esprit de l'institution a disparu. Inversement, nous avons vu la mère s'approcher par degrés de la puissance paternelle; malgré tous les obstacles, toutes les résistances, la femme est devenue maîtresse d'elle-même : pourquoi désormais serait-elle condamnée à rester, comme autrefois, la première et la dernière de sa famille ? Pourquoi ne pourrait-elle demander à l'adoption les enfants que la nature lui a refusés ou lui a repris ?

C'est dans cette dernière hypothèse que le droit d'adopter fut pour la première fois reconnu à la femme. Une Romaine, du nom de Syra, ayant perdu tous ses enfants, demanda aux empereurs Dioclétien et Maximien l'autorisation d'adopter son beau-fils; les princes, dans leur rescrit, déclarent qu'une femme ne saurait adopter, puisque ses propres enfants ne sont pas sous sa puissance; c'est la constatation pure et simple du droit traditionnel : mais immédiatement ils ajoutent qu'ayant égard au malheur de celle qui s'adresse à eux, ils lui permettent de considérer désormais son beau-fils comme son fils véritable et légitime (2). Cette décision individuelle et toute de faveur fut ensuite généralisée.

Il est assez difficile, avant l'époque de Justinien, de déterminer les effets d'une adoption de ce genre : sans

(1) Inst. II 13, § 4.
(2) L. 5, C., *De adopt.* (VIII. 48.)

aucun doute, elle n'entraînait aucun changement de famille, tout au plus en pouvait-il résulter une modification du nom. Le plus vraisemblable, c'est que l'adopté acquérait à la succession de sa mère adoptive les droits d'un fils légitime, tels que nous les déterminerons bientôt : peut-être même pouvait-il attaquer le testament dans lequel elle l'avait omis sans cause; tel est du moins le sens qu'une interpolation évidente donne à un fragment d'Ulpien (1).

Telle était la condition de la mère romaine dans la famille et vis-à-vis de ses enfants, à la fin de l'époque classique. Le progrès du droit ne s'arrêta pas là; mais, avant de tracer l'histoire de ses dernières transformations, il nous faut présenter le tableau d'une des institutions les plus originales de la législation romaine : nous voulons parler de cet ensemble de privilèges accordés à la maternité, et compris sous la désignation commune de *jus liberorum*. Il est à remarquer, comme l'observe M. Legouvé dans son *Histoire morale des femmes*, que ces récompenses décernées à la fécondité ont toutes un caractère extramaternel; la mère de nombreux enfants n'acquiert sur eux aucun nouveau droit; mais elle voit cesser à son égard quelques-unes des nombreuses incapacités dont la femme était atteinte, et se relâcher quelque peu la traditionnelle rigueur du droit civil. — C'est donc un sujet tout nouveau que nous abordons maintenant, mais que le titre de cette étude ne nous permet pas de négliger; nous nous efforcerons d'être aussi bref que possible, tout en demeurant exact et complet.

(1) L. 20. § 3, Dig, *De inoff. test.* (V. 2)

— De tout temps, l'un des soins les plus pressants de la politique romaine fut d'accroître le nombre des citoyens sans prodiguer le droit de cité; elle y réussit jusqu'à la fin des guerres puniques, on sait par quels moyens. Pendant longtemps, Rome eut autour d'elle des peuples dont son ambition fit des ennemis, mais auxquels ne l'unissait pas moins une certaine communauté de race, de langage et de religion. Aussi, après la victoire, leur prenait-elle les meilleurs de leurs citoyens pour renforcer ses légions, et les plus puissants de leurs dieux pour augmenter le nombre de ses protecteurs. Mais après la guerre sociale, cette ressource se trouva définitivement épuisée; jamais cependant elle n'aurait été plus nécessaire, qu'au moment où s'ouvrait l'ère des guerres civiles; alors se succédèrent les batailles sanglantes, où vaincus et vainqueurs étaient également citoyens, Philippes après Pharsale, Actium après Thapsus; et quand Octave, ses rivaux abattus, resta seul survivant et seul maître, le premier recensement montra combien était appauvrie la source du sang romain. Tel est le mal auquel les lois d'Auguste eurent pour but suprême et constant de remédier; de ces lois, la loi Papia Poppæa est peut-être la plus célèbre; nous devrons étudier avec quelque détail celles de ses dispositions qui se rapportent à la mère.

D'ailleurs, l'esprit de cette loi n'était point nouveau à Rome; dès le temps des guerres puniques, des avantages de diverse nature, certains même assez bizarres, étaient attachés à la fécondité : l'homme qui avait des enfants pouvait aspirer aux magistratures avant l'âge (1);

(1) Chaque enfant dispensait d'une année. — V. L. 2, *De min.*, D. (VI, 4.)

il était préféré dans la poursuite, privilégié dans l'exercice des honneurs (1); il était dispensé de la tutelle et de la curatelle (2); les mœurs publiques (3) étaient ici d'accord avec les lois, et les meilleures places lui étaient réservées dans les théâtres et les jeux; enfin, telle était la faveur de la paternité, que la considération du nombre des enfants atténuait parfois la peine des criminels et leur épargnait la confiscation (4) : un rescrit d'Adrien donne le motif de cette indulgence; c'est qu'il vaut mieux pour l'empire s'enrichir en hommes qu'en argent (5).

A la femme étaient accordés des privilèges d'un autre genre. L'esclave, mère de trois enfants, voyait sa condition s'adoucir : mère d'un plus grand nombre, elle obtenait d'ordinaire la liberté; un passage de Columelle donne à entendre que c'était là pour elle une

(1) Ainsi, il prenait le premier les faisceaux, s'il était consul, et parlait le premier, s'il était sénateur. — V. L. 6, § 5, D., *De decur.* (L. 2); — Cf. L. 9, C., *eod. tit.*

(2) Il fallait pour cela trois enfants à Rome, quatre en Italie, cinq dans les provinces.

(3) Il semble bien que le pouvoir des censeurs intervenait pour accorder des *præmia* aux *patres* et infliger aux *cœlibes* certaines déchéances (Aulu-Gelle, V, 19).—Mais de quelle nature étaient ces récompenses et ces peines? C'est ce qu'il est malaisé de déterminer. Heineccius (*Ad leg. Pap. Popp.*, I, 2, § 8), conjecture avec assez de vraisemblance, d'après un passage de Tite-Live, que les censeurs avaient égard à la paternité pour le classement des citoyens dans les tribus rustiques, *utpote honoratioribus*, ou même dans l'ordre des chevaliers.

(4) Dion, sur Adrien.

(5) *Favorabilem apud me causam liberorum Albini filiorum numerus facit, quum ampliari imperium hominum adjectione potius quam pecuniarum copiâ, malim.* (L. 7, § 3, D., *De bonis damn.* XLVIII, 20.)

sorte de droit (1); d'ailleurs, rien de plus fréquent que l'affranchissement d'une esclave sous cette condition, *si tres peperisset* (2). Quant aux femmes libres, César fit dépendre de la maternité le droit de porter des pierreries et d'aller en litière, chargeant ainsi la coquetterie de repeupler l'empire. C'est principalement en faveur du nombre des enfants que Marc-Aurèle réhabilita le mariage d'une nièce avec son oncle (3), et que Justinien lui-même, à une époque où l'influence du christianisme rend cette décision plus remarquable, légitima les unions incestueuses des habitants du bourg de Syndios et des Hébreux établis dans l'île de Tyr (4).

— Après ce coup d'œil historique, occupons-nous spécialement du *jus liberorum*, considéré dans ses éléments essentiels. Nous trouvons cinq priviléges principaux accordés à la mère :

1° L'exemption de la tutelle;

(1) Colum., *De re rusticâ,* I, 8.

(2) L. 15 et 16, D., *De statu hom.* (I, 5); — Cf. L. 3, § 16, D., *De statu lib.* (XL, 7.)

(3) L. 57, § 1, D., *De ritu nupt.* (XXIII, 2.)

(4) Nov. 138, préface. — Tant d'efforts pour encourager au mariage et à la procréation d'enfants légitimes restèrent inutiles :

Quid leges sine moribus
Vanæ proficiunt? (Hor., od., III, 24).

Il est certain que de bonne heure, les Romains montrèrent pour le mariage un invincible éloignement : Auguste le reproche durement aux chevaliers, dans un discours où il s'efforce de vaincre leur résistance aux prescriptions nouvelles de la loi Papia (V. Dion, liv. XLVI). Le luxe ruineux des femmes était pour beaucoup dans cette aversion : à peine délivré des entraves de la loi Oppia, il s'était développé avec fureur, *ut fera bestia vinculis irritata, deindè emissa.* (Discours de Caton contre l'abrogation de la loi, Tive-Live, XXXIX. 2.)

2° Certains avantages dans la succession des affranchis;

3° L'augmentation de la quotité disponible entre époux;

4° Le droit de recueillir intégralement les hérédités testamentaires et les legs;

5° Le droit de succéder *ab intestat* à ses enfants.

Tel est l'ordre que nous allons suivre dans l'étude du *jus liberorum*.

I. A l'époque d'Auguste, on a vu déjà combien était affaiblie l'antique constitution de la famille, et notamment en quelle décadence était tombée la tutelle des femmes pubères; c'était là une institution traditionnelle dont la raison d'être n'existait plus, et qui ne se maintenait que par la répugnance des Romains à détruire ce que leurs pères avaient établi; aussi les lois de l'époque d'Auguste purent-elles sans difficulté affranchir de toute tutelle la mère d'un certain nombre d'enfants.

L'ingénue *quæ tres pepererat* était libérée de la tutelle testamentaire, dative ou même légitime (1); ainsi le pouvoir des agnats, jadis si fort et si respecté, était brisé par l'État, et brisé sans résistance : et en effet, à l'époque où nous sommes arrivé, c'était moins un droit qu'on leur enlevait, qu'une charge gênante dont ils se trouvaient affranchis. La femme ainsi émancipée, dans le sens moderne du mot, avait la libre administration de sa fortune et pouvait en disposer à son gré entre-vifs et à cause de mort. D'ailleurs, l'exemption de la tutelle pouvait être accordée par une concession gracieuse du sénat, et plus tard de l'empereur.

(1) Gaius, I, § 194.

L'affranchi devait avoir quatre enfants, ou solliciter du prince le *jus quatuor liberorum*. Elle obtenait alors la même liberté que l'ingénue mère de trois enfants, notamment en ce qui concerne le droit de tester, mais sous la condition de laisser au patron une part virile; nous sommes ainsi conduit à nous occuper de la succession des affranchis.

II. Le droit romain offre peu de matières plus obstruses et plus compliquées. Pour exposer avec quelque clarté les avantages attribués ici à la maternité, il est nécessaire de présenter brièvement, d'après Gaius (1), le tableau des changements survenus dans la législation sur ce point.

La loi des XII Tables faisait au patron une situation assez peu favorable : non-seulement il était exclu par les héritiers siens de l'affranchi, mais il l'était encore par un institué étranger : les mêmes droits appartenaient à la patronne et aux enfants du patron, quel que fût leur sexe (2) ; les enfants de la patronne n'étaient appelés en aucun cas.

Cette législation parut inique au préteur : il ne voulut pas qu'un étranger pût exclure le patron, qui avait appelé l'affranchi à la vie civile, et lui avait ainsi permis d'avoir et de transmettre une hérédité. En conséquence, lorsque l'affranchi eut pour héritier *ab intestat* un *extraneus* adopté, ou pour héritier testamentaire un *extraneus* institué, le patron eut droit à la moitié de l'hérédité et se vit conférer à cet effet une *bonorum possessio*

(1) III, §§ 39 et suiv.
(2) Ibid., §§ 40, 45 et 49.

dimidiæ partis (1). D'ailleurs, en cas de succession testamentaire, le patron est exclu par les héritiers siens naturels de l'affranchi, du moment qu'ils ne sont pas exhérédés; il suffit qu'ils viennent a l'hérédité à un titre quelconque, fût-ce pour une *bonorum possessio* que le préteur leur aurait accordée contre un testament où ils auraient été omis; cette *bonorum possessio* primait celle du patron. — Mais le préteur limita cette disposition au patron et à ses enfants mâles (2); on reconnaît là l'influence de cette jurisprudence Voconienne, qui excluait les femmes, hormis les *consanguineæ*, de la succession *ab intestat* de leurs agnats.

La loi Papia Poppæa vint gravement modifier ce système, en distinguant suivant que l'affranchi *de cujus* était ou non *centenarius*, c'est-à-dire laissait une fortune supérieure ou inférieure à 100,000 as; dans ce dernier cas, le droit antérieur continuait à s'appliquer. Mais si la succession était opulente, le législateur tendit à faire refluer le plus possible la richesse de l'affranchi au patron (3); que l'affranchi *centenarius* mourût *testat* ou *intestat*, une part virile était assurée au patron et à ses enfants mâles; mais si le défunt laissait trois enfants, la succession leur était dévolue sans partage (4). — Nous allons voir qu'il en était autrement dans la succession d'une affranchie.

(1) Ibid., § 41. — Sur les origines de cette *bonorum possessio dimidiæ partis*, v. loi 1, § 1, D., *De bon. libert.* (XXXVIII, 2.)

(2) Ibid., § 49.

(3) M. Labbé, à son cours. — Aussi les affranchis cherchaient-ils de toutes les manières, notamment par des affranchissements et des aliénations frauduleuses, à réduire leur succession au-dessous de cent mille as.

(4) Gaius, § 42.

Quant aux droits de la patronne, voici comment ils furent déterminés par la loi Papia (1). La patronne ingénue, *duobus liberis*, et la patronne affranchie, *tribus liberis honorata*, pouvaient invoquer les dispositions de l'édit prétorien, dont le bénéfice leur avait été primitivement refusé; elles avaient donc la *bonorum possessio dimidiæ partis*, dans les conditions que nous avons déterminées (2). Il y a plus la patronne ingénue *tribus liberis honorata* était de tout point assimilée au patron et prenait une part virile dans la succession de l'affranchi *centenarius*, qui laissait moins de trois enfants; mais le même droit n'appartenait jamais à la patronne affranchie (3).

Il semble que la loi Papia soit allée plus loin encore, et ait accordé des droits aux enfants de la patronne; mais il n'existe sur ce point qu'un texte de Gaius (4), dont l'authenticité est à bon droit contestée; en effet, d'une part, il ne parle que des filles de la patronne, et de l'autre, il déclare qu'il leur suffit d'un seul enfant pour succéder. Ce *jus unius filii filiæve* est une véritable anomalie, qui ne s'explique guère que par une altération du manuscrit de Gaius (5).

— Relativement à la succession d'une affranchie, les

(1) Gaius, §§ 49, 50, 53.

(2) En présence de cette législation, il est probable que les patronnes, au moment de l'affranchissement, stipulaient des esclaves qu'elles libéraient une part de leurs biens; et comme une telle convention paraissait *contrà mores*, elles se faisaient donner des fidéjusseurs, *qui quanto minus a libertis consecuturæ essent, tantum dare sponderent*. (V. Heineccius, *Ad leg. Pap. Popp.*)

(3) Gaius, § 50.

(4) *Ibid.*, § 53.

(5) V. M. Machelard, *De l'accroissement*, p. 118, note.

mêmes règles étaient applicables (1), sauf une restriction importante dont nous avons déjà parlé. En aucun cas, et quel que fût le nombre de ses enfants, une affranchie ne pouvait absolument exclure le patron de son hérédité. Mère de quatre enfants, elle pouvait tester librement, mais le patron ou ses enfants mâles avaient droit à une part virile, qui leur était assurée par la loi Papia. Le préteur n'avait pas eu besoin de s'occuper du patron, celui-ci, comme le remarque Ulpien, pouvant se protéger lui-même. En effet, l'affranchie en tutelle avait bien le droit de tester, mais seulement du consentement de son patron; celui-ci, d'autre part, n'avait pas à craindre d'être exclu de la succession *ab intestat* par des héritiers siens, la femme n'en pouvant avoir; enfin, l'affranchie ne pouvait échapper au pouvoir où elle était soumise qu'en passant *in manum*, et le consentement du *manumissor* lui était nécessaire à cet effet; celui-ci n'était donc exclu de la succession qu'autant qu'il abdiquait lui-même son pouvoir. Mais le jour où la loi Papia libéra de toute tutelle l'affranchie mère de quatre enfants, elle dut en même temps protéger le patron contre une omission ou une exclusion devenue possible; c'est dans ce but qu'une part virile lui fut as-

(1) Pour le cas où elle mourait ab intestat, la loi Papia n'avait besoin d'accorder aucun droit nouveau à la patronne; celle-ci, même *non liberis honorata*, exclut les enfants de l'affranchie, si aucune *capitis deminutio* n'est intervenue, *quoniam nullum feminæ suum heredem habere possunt*. (Gaius, § 51.) Il en est ainsi jusqu'au sénatus-consulte Orphitien.— Si l'affranchie a fait un testament, la patronne *non liberis honorata* se trouve sans défense contre une omission ou une exhérédation: *liberis honorata*, la loi Papia lui donne le même droit que l'édit prétorien au patron, c'est-à-dire la *bonorum possessio dimidiæ partis*. (Gaius, § 52.)

surée, à lui et à ses enfants mâles, à l'encontre du testament de l'affranchie (1). Ainsi, la condition de l'affranchie était moins favorable que celle de l'affranchi; en aucun cas, la première ne pouvait transmettre à ses enfants l'intégralité de ses biens, tandis que le second, *trium liberorum jure*, excluait complètement le patron de son hérédité. — Quant à la succession *ab intestat*, la loi Papia ne paraît point s'en être occupée : le patron continua dans ce cas à recueillir toute la succession, quel que fût le nombre des enfants, jusqu'au sénatus-consulte Orphitien.

III. Les avantages faits à la mère dans la succession des affranchis avaient pour but unique d'encourager à la procréation des enfants : l'institution des *decimæ*, dont nous avons maintenant à nous occuper, eut, dans l'esprit du législateur, une double utilité; elle offrit une prime à la fécondité des unions légitimes, et, à ce titre, elle figure au premier rang parmi ces lois d'Auguste appelées *leges novæ*, ou simplement *leges* (2); mais, de plus, les époux ayant, par le fait même du mariage, le droit de recueillir la moitié au moins de leur succession réciproque, elle tendit à prévenir une captation toujours possible (3), mais redoutable surtout quand le mariage était demeuré stérile, et que l'hérédité des époux n'était point naturellement destinée à un enfant

(1) Gaius, III, §§ 44 et suiv.; — Frag. Ulp., XXIX, 3. — Quant aux droits de la fille du patron *liberis honorata*, il n'en est parlé que dans un texte mutilé de Gaius (§ 47), et la loi Papia elle-même était, paraît-il, assez peu claire sur ce point, aussi en est-on réduit à des conjectures.

(2) Heineccius, liv. I, ch. 1, no 4.

(3) ... *Ne possit mulier hereditatem eblandiri.* (Hein., *Ad legem. Pap. Popp.*)

commun. Tel est le double esprit de cette innovation, que nous devons maintenant étudier avec quelque détail; ce que nous allons dire de la quotité disponible entre époux n'a rien de spécial à la femme; néanmoins, dans une étude sur la condition de la mère, nous ne saurions laisser de côté cet élément important du *jus liberorum*.

L'époux qui prédécédait ne pouvait instituer son conjoint pour plus d'un dixième (1), ni lui rien laisser au-delà par legs ou fidéicommis. Telle fut la loi à son origine. La même prohibition fut ensuite étendue aux donations à cause de mort (2) et aux donations entre-vifs confirmées par le prédécès du donateur (3); enfin, elle fut appliquée à la dot retenue par le mari en cas de mort de la femme, conformément à une stipulation du pacte dotal (4). Mais il importe de remarquer que la femme survivante retirait sa dot sans l'imputer sur le dixième auquel elle pouvait avoir droit : son action en reprise lui appartenait en propre, et n'était nullement subordonnée à la libéralité de son époux (5).

Cette quotité disponible était accrue d'un dixième au profit du conjoint qui avait un enfant *survivant* d'un pre-

(1) Fr., Ulp., tit. XV.

(2) L. 38, D., *De mortis causâ don.* (XXXIX, 6.)

(3) Après le sénatus-consulte, rendu sur la proposition d'Antonin Caracalla; — V. L. 32, *pr.*, §§ 2 et 10, D., *De don. int. vir. et ux.* (XXIV, 1.)

(4) C. Theod., L. ult., *De inoff. dote.* — Nous empiétons ici sur la troisième période; mais nous pensons que pour la matière spéciale des *decimæ*, il faut mieux présenter un exposé complet de l'institution, depuis son origine jusqu'à sa suppression, fort antérieure d'ailleurs à Justinien.

(5) Fr. Ulp., tit. XV.

mier mariage ; et cette augmentation continuait d'après un progression régulière suivant le nombre des enfants du premier lit. Ainsi la *solidi capacitas* était acquise par le seul fait du second mariage à l'époux veuf qui convolait avec neuf enfants.

Quant aux enfants communs, plusieurs distinctions sont nécessaires. Décédés *post nominum diem* (1), ils donnent droit chacun à un dixième en plus ; en outre des *decimæ*, chaque époux pouvait léguer purement et simplement à son conjoint le tiers de ses biens en usufruit (2), et le même tiers en propriété, sous la condition : *quandoque liberos habuerit* (3).

Voici maintenant les cas dans lesquels la naissance d'enfants communs donne aux époux la *solidi capacitas* ; il en est ainsi :

1° S'il survit un enfant commun ;

2° Si l'enfant commun est mort après la puberté ;

3° Si les époux ont perdu *duos trimos, vel tres post nominum diem ;* dans ce cas, la *solidi capacitas* ne subsiste que dix-huit mois après le décès de l'enfant, tandis qu'elle est irrévocablement acquise, s'il est mort pubère ;

4° Si la femme, dans les dix premiers mois de son veuvage, accouche des œuvres de son mari (4).

(1) *Nominum autem dies erat, quo nomen dabatur infanti recens nato, ut posteà id nomen referretur in acta publica, quod apud Romanos vel octavo, si puella, vel nono, si puer natus erat, fiebat.* (Hein., *Ad leg. Pap.* II, ch. 14.)

(2) Javol., L. 10, D., *De præscr. verb.* (XIX, 5.)

(3) Scævola, L. 18, D., *De usuris* (XXII, 1) ; — Cf. Fr. Ulp., t. XV.

(4) Fr. Ulp. XVI, § 1. — La *solidi capacitas* était encore acquise indépendamment de la fécondité du mariage :

1° Si les époux ou l'un d'eux n'avait point atteint l'âge où la loi

— Cette loi paraît avoir été acceptée avec répugnance, *quodammodo odiosa*; elle portait atteinte à cette liberté testamentaire qui fut, sans doute, bien qu'on ait pu dire M. Fustel de Coulanges (1), une des institutions les plus anciennes de Rome, et certainement une de celles dont les Romains étaient les plus jaloux. Aussi se montrait-on, pour le calcul des *decimæ*, aussi large que possible dans les limites de la loi; c'est ainsi que l'on comptait le *partus monstrosus* (2), l'enfant né *apud hostes* et venu ensuite à Rome (3), enfin l'enfant tombé en servitude *post nominum diem* (4). Cependant, on ne comptait pas celui dont la filiation était incertaine, quoique le préteur eût d'ailleurs décidé de son éducation et de son entretien (5).

Si les jurisconsultes interprétaient avec indulgence les *leges decimariæ*, une pratique quelque peu frauduleuse avait bien vite trouvé plus d'un moyen de les tourner; ainsi, une convention intervenait dans le pacte dotal, d'après laquelle, à la mort de la femme, le mari devait garder la dot entière (6); après la con-

exigeait des enfants, c'est-à-dire si le mari avait moins de 25 ans, la femme moins de 20;

2° S'ils avaient atteint au cours du mariage le terme fixé par la loi Papia, 60 ans pour l'homme, 50 pour la femme;

3° S'ils étaient parents au sixième degré ou à un degré plus proche. (Cf. Fr. Vat., § 216.)

4° En cas d'absence du mari, et pendant l'année de son retour;

5° Si le prince avait accordé aux époux le *jus liberorum*.

(1) *Cité antique*, liv. II, ch. 7.

(2) Ulp., L. 135, D., *De verb. sign.* (L. 16.)

(3) Ulp., L. 9, D., *De captiv. et postlim.* (XLIX, 15.)

(4) Ulp., L. 209, D., *De reg. jur.* (L. 17.)

(5) Ulp., L. 10, D., *De his qui sui vel alien. jur.* (I, 6.)

(6) Une telle constitution de dot fut déclarée nulle par Constantin. (C. Théod, *De inoff. dote*, *lex ult.*)

stitution de Sévère et Antoine Caracalla, on eut recours à des donations entre vifs, auxquelles le système des *decimæ* fut d'ailleurs promptement étendu; enfin, de tout temps, on employa les fidéicommis tacites (1).

Cette résistance des mœurs et bientôt l'influence croissante du christianisme devaient fatalement amener l'abandon des lois décimaires; elles tombèrent avec le système factice qu'Auguste avait organisé de toutes pièces, et qui lui avait valu si gratuitement le titre de restaurateur des mœurs publiques. La première atteinte leur fut portée par des exemptions individuelles, accordées d'abord par Claude aux constructeurs de navires de commerce (2), puis par Théodose aux décurions (3). Enfin, malgré l'opiniâtreté singulière avec laquelle Constantin défendit ce vestige de la législation d'Auguste, l'abrogation définitive en fut prononcée, l'an 410, par Honorius et Théodose (4).

IV. Nous venons de déterminer ce que la femme, d'après la loi Papia, pouvait prendre dans la succession de son mari; nous sommes maintenant conduits à étudier, d'après la même loi, sa capacité générale de recueillir les dépositions testamentaires.

(1) Pap., L. 25, *pr.*, D., *De his quæ ut indign. auf.* (XXXIV, 9.)— Par une étrange inconséquence, Constantin, qui avait aboli les peines du célibat et de l'*orbitas*, punit les fraudes dont nous parlons avec la dernière rigueur: il alla jusqu'à prononcer contre celui qui ne révélait pas un fidéicommis tacite fait en fraude des lois décimaires, la confiscation de tous ses biens, et la relégation dans une île.

(2) Suétone, *Vie de Claude*, ch. 18.

(3) L. 124, C. Th., *De decur.*

(4) L. 2, C. Th., *De jure lib.* — Cf. L. 2, C. J., *De infirm. pœn. cœlib.* (VIII, 58.)

De bonne heure, le droit romain, qui cependant avait admis à l'origine le partage égal entre les enfants, quel que fût leur sexe(1), tendit à exclure les femmes au profit des mâles, d'abord des hérédités testamentaires, puis des des hérédités légitimes. Dès l'an de Rome 585, la loi Voconia leur avait interdit de recueillir la succession d'un citoyen de la première classe du cens, et de plus, dans une hérédité quelconque, de recevoir en legs plus que l'héritier institué. On a vu déjà comment les prudents modifièrent la législation dans le même esprit, *Voconianâ ratione* (2), et comment ils en vinrent, hormis le cas de consanguinité, à exclure d'une manière générale les femmes de la succession légitime de leurs agnats. Dans la grande réforme qu'Auguste accomplit ou tenta d'accomplir au moyen des lois caducaires, la même inégalité subsiste entre les deux sexes ; elle se manifeste principalement à deux points de vue.

Rappelons ici, en quelques mots, l'économie générale des *leges caducariæ* ; aux termes de la loi Julia, les célibataires ne peuvent recueillir ni hérédités testamentaires, ni legs (3) ; la même incapacité, mais limitée à la moitié de la disposition, atteint, en vertu de la loi

(1) D'ailleurs, à une époque où l'on veillait avec un soin si jaloux à la conservation du patrimoine de la famille, celui-ci ne courait aucun danger par suite du partage égal entre les enfants, quel que fût leur sexe : la femme, en effet, ne pouvait, sans le consentement de ses agnats, disposer des biens qu'elle avait recueillis, l'autorisation de ses tuteurs lui étant nécessaire pour qu'elle pût passer *in manum*, se constituer une dot ou tester. (V. Gaius, I, §§ 115 et 178 ; — II, § 112.)

(2) Paul. Sent., IV, 8, § 22 ; — Cf. Instit., III, 2, § 3.

(3) Gaius, II, § 111.

Papia, l'*orbus*, c'est-à-dire l'homme marié qui n'avait pas, au moment de l'ouverture du testament, au moins un enfant légitime vivant ou conçu (1). A l'inverse, tout ce que les *leges novæ* enlèvent aux *cœlibes* et aux *orbi* est attribué à titre de récompense aux *patres* gratifiés dans le même testament.

Or, quelle situation était faite à la femme dans cette législation nouvelle? Le droit de recueillir *ex testamento* étant subordonné à la naissance d'enfants légitimes, nous devons tout d'abord constater dans sa condition une première et notable infériorité; tandis que l'existence d'un seul enfant assurait à l'homme la *solidi capacitas*, la femme n'obtenait le même droit qu'à la suite de trois accouchements; mère d'un seul ou de deux enfants, elle était assimilée à l'*orbus*, et ne pouvait prétendre qu'à la moitié des dispositions écrites en sa faveur. Ainsi, pour la femme, la *solidi capacitas* était attachée au *jus liberorum*. — Mais il s'en faut que le système dont nous venons de donner la formule soit unanimement admis (2): cependant, il paraît s'appuyer avec beaucoup de vraisemblance sur deux fragments du Code Théodosien, les lois 8 et 9, *de bonis proscript.* (IX, 42); ces lois s'occupent du règlement des droits de la mère sur les biens des enfants condamnés à la mort ou à la déportation, et distinguent suivant qu'elle jouit ou non du *privilegium fecunditatis*, en rattachant cette distinc-

(1) Ibid., § 280; — Fragm. Vat., §§ 210 et 218.

(2) M. Accarias, notamment, le considère comme manquant de base, et ne le discute même pas. — V. *Précis de droit romain*, t. I, p. 831, note 5.

tion à la loi Papia (1). Ainsi, en cas de célibat, une incapacité égale (2) et absolue atteignait les deux sexes ; mais un seul enfant légitime relevait l'homme de cette

(1) Ce système est celui de Godefroy (Loi Julia et Papia, ch. 14), et d'Heineccius (II, ch. 15, § 10) ; — Cf. M. Marchelard, *sur l'accroissement*, p. 118. — Cette opinion s'appuie en outre sur deux passages de Dion Cassius, dont voici le texte :

ἡ δὲ Λιουία εἰκόνων τε ἐπὶ παραμυθίᾳ ἔτυχε, καὶ ἐς τὰς μητέρας τὰς τρὶς τεκούσας ἐσεγράφη. — « Livie, pour consolation (de la mort de Drusus), obtint des statues, et fut inscrite au nombre des mères ayant eu trois enfants. » (Liv. LV, ch. 2, trad. de M. Gros.)

Quant aux avantages reconnus à ces mères de trois enfants, Dion dit ailleurs (liv. LVI, ch. 32), que c'est en vertu de la concession faite à Livie qu'elle put, en concours avec Tibère, recueillir l'hérédité d'Auguste. — Le rapprochement de ces deux textes paraît convainquant.

— Le second passage invoqué par Godefroy ne nous semble pas présenter un argument aussi direct :

Τῶν τε γυναικῶν τισι καὶ παρὰ τὸν Οὐοκώνειον νόμον, καθ' ὃν οὐδεμιᾷ αὐτῶν οὐδενὸς ὑπὲρ δύο ἥμισυ μυριάδας οὐσίας κληρονομεῖν ἐξῆν, συνεχώρησε τοῦτο ποιεῖν. — « Il dispensa aussi quelques femmes de la loi Voconia, qui leur interdisait tout héritage surpassant 25,000 drachmes. »

Mais quelles étaient ces femmes ? On ne peut que par conjecture rattacher cette exemption au *jus l[illegible]orum* : Dion ne cite expressément que les vestales, αἱ ἀεὶ παρθένοι. — L'argument le plus fort en faveur du système de Godefroy se tire de l'esprit même de la législation, qui tendait toujours à faire à la femme une condition inférieure au point de vue des droits de succession.

(2) Cependant, il faut noter ici une cause de dispense que la femme seule pouvait invoquer : il y avait un temps de *vacatio* pendant lequel la femme était affranchie des peines du célibat : ce délai, fixé par la loi Julia à une année en cas de veuvage, à six mois en cas de divorce, fut étendu par la loi Papia à deux ans ou dix-huit mois. (Ulp. Reg. t. XIV.) — Les autres causes de dispense résultaient de l'âge et de la cognation ou de l'alliance avec le testateur ; elles étaient communes aux deux sexes. (V. M. Marchelard, *op. cit.*, p. 117.)

incapacité; la femme n'en était complètement affranchie qu'après trois enfantements (1, 2).

A cette première inégalité s'en venait joindre une autre non moins considérable; un seul enfant donnait à l'homme le droit, non-seulement de recueillir intégralement les libéralités écrites en sa faveur, mais encore de profiter de la caducité des dispositions dont le bénéfice était enlevé aux *cœlibes* et aux *orbi*. Or, le sentiment presque unanime des interprètes est que jamais un droit semblable ne pouvait appartenir à la femme, quel que fût le nombre de ses enfants. En effet, la condition pour la *caducorum vindicatio* est, non pas d'avoir des enfants, mais d'avoir des enfants en sa puissance, ou sortis de puissance par une émancipation : tel est le sens vrai de l'expression *liberos habere*, qui comprend tous les descendants appelés par le préteur à la *bonorum possessio undè liberi*, mais ne comprend que ceux-là. Cette proposition acquiert une probabilité presque égale à la certitude par le rapprochement de deux textes empruntés, l'un à Tacite, l'autre aux fragments du Vatican. Ta-

(1) Toutefois, la condition de la femme était meilleure en un point : il lui suffisait d'avoir eu trois ou quatre enfants pour être définitivement affranchie des peines du célibat et de l'*orbitas*, tandis que l'homme n'y était soustrait que par l'existence d'un enfant vivant. (Sent. Paul, IV, 9.)

(2) Le système que nous venons d'exposer, d'après Godefroy et M. Machelard, sur l'obtention par la femme du *jus capiendi*, présente assurément une bizarrerie; c'est l'assimilation de la femme mariée sans enfants, et de la mère d'un ou de deux, parfois même de trois enfants, l'une et l'autre ayant seulement la *dimidia capacitas*. Mais cette identité de situation n'existait peut-être pas dans la loi Papia, dont l'ensemble peut bien être rétabli par conjecture, mais dont les détails ne sauraient être retrouvés de même.

cite rapporte (1) qu'une pratique détestable, *pravissimus mos*, était mise à chaque instant en usage : les Romains, pour éviter les peines de l'*orbitas* et s'assurer les *præmia patrum*, se donnaient des enfants par le procédé facile de l'adoption, quitte à s'en débarrasser aussitôt la fraude consommée ; un sénatus-consulte mit fin à cet abus, en décidant *ne simulata adoptio in ulla parte muneris publici juvaret, nec usurpandis quidem hereditatibus prodesset.* C'est donc qu'un enfant adoptif, compté par le préteur au nombre des *liberi*, suffisait jusque-là pour conférer le *jus patrum* à l'adoptant. — D'un autre côté, le § 195 des fragments du Vatican présente comme une proposition indiscutée que les *nepotes ex filiâ*, restés hors de la famille de l'aïeul maternel, ne comptent point pour la *caducorum vindicatio* ; le droit à cet égard ne pouvait être changé que par une concession spéciale du prince : c'est ainsi qu'un rescrit de Marc-Aurèle consacra une exception au profit des enfants qui naîtraient d'une Romaine et d'un vétéran prétorien.

Ce système est exposé très-nettement par M. Rudorff. C'est celui de M. de Savigny, et M. Machelard s'y rallie (2). Cependant Godefroy, Heineccius et Pothier (3) assimilent de tout point au *pater* la mère de trois enfants : mais cette opinion s'explique, si l'on songe que tous les anciens auteurs ont confondu la *solidi capacitas* et le *jus vindicandi caduca*. Quant à la doctrine de M. Rudorff, en outre des textes déjà commentés, elle peut paraître directement confirmée par un fragment

(1) Ann., XV, 19.
(2) *De l'accrois.*, p. 113 et suiv.
(3) *De legatis*, no 381.

de Gaius, qui est précisément tiré d'un commentaire sur les lois Julia et Papia : *Nulla femina aut habet suos hæredes, aut desinere habere potest propter capitis deminutionem* (1).

Si peu favorable que puisse paraître la situation faite à la femme par les lois Julia et Papia, il n'en est pas moins vrai que sa condition se trouvait dans certains cas beaucoup améliorée au point de vue du *jus ex testamento capiendi*. Mère de trois enfants, elle profitait pleinement des dispositions écrites en sa faveur ; elle pouvait ainsi recueillir une hérédité même supérieure à cent mille as, et dès lors se trouvait affranchie de la prohibition de la loi Voconia (2). Cette loi même continua-t-elle de subsister quand des considérations nouvelles eurent amené un règlement nouveau des droits de la femme? La question est controversée, surtout en Allemagne (3), mais cette discussion ne présente qu'un médiocre intérêt : quelque parti que l'on prenne, il est constant qu'à défaut d'une abrogation expresse, la loi Voconia tomba promptement en désuétude. Gaius ne la

(1) Gaius, L. 13, D., *De suis et legit.* (XXXVIII, 16.) — D'ailleurs, tous les textes sur la matière ne parlent jamais que des *patres* à propos du *jus caduca vindicandi*.

(2) V. le passage déjà cité de Dion Cassius, liv. LVI, ch. 10.

(3) M. de Savigny tient pour l'affirmative. Quant à l'intérêt de la question, il s'agit de savoir si la femme mère d'un ou de deux enfants, et assimilée à l'*orbus*, peut prendre la moitié d'une succession supérieure à 100,000 as, et surtout si les femmes exemptées par les lois Julia et Papia à raison de l'une des causes énumérées plus haut, ne profitaient de cette immunité qu'autant qu'il s'agissait d'une succession inférieure au taux de la loi Voconia. — D'ailleurs, la question n'est douteuse que pour l'époque même d'Auguste, l'abandon de la loi Voconia ayant suivi de près la promulgation des lois caducaires.

mentionne que pour signaler le moyen de la tourner au moyen des fidéicommis; et déjà, au temps d'Aulu-Gelle, le souvenir en était presque effacé (1).

V. Tels sont, dans leur ensemble, les avantages attachés par les lois d'Auguste à la maternité : il semble que la législation aurait du s'arrêter là; et en effet, comme toutes les institutions qui n'ont été ni appelées, ni préparées par les mœurs, les lois caducaires avaient en elles un germe de mort, et devaient tomber dès que la puissance qui les avait imposées cesserait de les soutenir. Cependant, plus d'un siècle après, nous voyons un dernier privilége s'attacher à la fécondité; et ce n'est rien moins que le droit pour la mère de succéder à ses enfants : quoi de plus étrange que de voir ce droit primordial, et fondé sur la nature s'il en fut jamais, introduit ainsi dans la législation romaine subrepticement et comme par une porte dérobée ? Le développement des institutions pourra seul nous donner la raison de cette anomalie; nous sommes ainsi amené à déterminer les droits successoraux de la mère, et nous terminerons par là l'étude de notre seconde période.

— On connaît le système admis par la loi des XII Tables : il est en concordance parfaite avec l'état social dont nous avons essayé de présenter le tableau au début de ce travail. La propriété, d'abord collective, de la *gens*, s'est subdivisée entre les familles, puis entre les individus, et la dévolution des successions ab intestat est réglée de manière à ramener les biens à leur origine (2). Ainsi, l'hérédité du père de famille intestat va d'abord

(1) *Omnia tamen hæc obliterata.* (XX, 1.)
(2) *Ejus morte ad me redierunt bona.* (Térence.)

à ses descendants en puissance, puis à ses agnats, enfin à ses gentils (1).

Dans cette législation, il est aisé de déterminer la vocation de la mère à la succession de ses enfants; nul n'ayant droit sur le patrimoine de la famille, sinon ceux qui en sont membres, de deux choses l'une : ou la mère est restée sous la puissance de son père naturel, et alors elle n'a rien à prétendre sur l'hérédité des fils de famille de son mari, auxquels ne la rattache aucun lien civil; ou bien elle est passée *in manum*, et alors, en échange des droits par elle abandonnés dans sa famille originaire, elle acquiert ceux d'une fille dans la *gens* de son époux, et succède à ses enfants comme une sœur agnate.

Il est aisé de comprendre combien un pareil système dut paraître et fut en effet injuste et oppressif, le jour où l'antique organisation sociale à laquelle il correspondait eut commencé à se dissoudre. La famille naturelle, dès qu'elle ce[illegible]a d'être violemment démembrée par la constitution arbitraire de la famille civile, tendit à reprendre sa forme et ses droits légitimes, et les règles de la dévolution des biens subirent aussitôt l'influence de ce changement. Ce fut l'œuvre du préteur, et la matière des hérédités ab intestat fut une de celles où s'exerça le plus heureusement sa double mission de suppléer aux lacunes du droit civil et d'en atténuer la rigueur.

C'était une tâche difficile qu'il entreprenait ainsi. Il s'agissait, sans rien renverser, de changer de fond en comble une législation devenue impossible, et dont

(1) M. Labbé, à son cours.

Gaius énumère longuement les injustices ainsi, les enfants émancipés n'ont plus aucun droit sur l'hérédité paternelle; les agnats exclus de la famille par une *capitis deminutio* sont exclus en même temps de la succession de tous ses membres; enfin, la parenté par les femmes est méconnue, et l'agnat le plus éloigné prime le plus proche des cognats : de plus, Gaius réfère à la loi des XII Tables cette jurisprudence Voconienne qui écarte les femmes de la succession agnatique, hors le cas de consanguinité (1).

En présence de cet antique arbitraire, la réforme prétorienne se caractérise d'un mot : la dévolution des hérédités est désormais réglée d'après la parenté naturelle (2). Ainsi, les enfants sont toujours appelés en premier ordre, mais le préteur met au nombre des *liberi* ceux qu'une émancipation ou même une adoption (3) a soustraits à la puissance du père naturel; en second ordre viennent les *legitimi*, c'est-à-dire les héritiers appelés par la loi des XII Tables : le préteur, créant un système de succession complet, ne pouvait les laisser de côté, et dut en faire un ordre à part; quant à la

(1) Gaius, III, §§ 18 et suiv. — Il faut remarquer ici que l'exception à la jurisprudence Voconienne, admise en faveur de la *consanguinea*, comprend la mère, *in manu* du *de cujus*; étant pour le père *loco filiæ*, elle était nécessairement pour le fils *loco sororis*.

(2) Le préteur ne déférait pas l'hérédité à ceux qu'il appelait, il leur donnait seulement la *bonorum possessio* : d'ailleurs, les *bonorum possessores* avaient en fait la situation d'héritiers. (L. 2, D., *De bon poss.* (XXXVII, 1), et ils en acquéraient la qualité *ipso jure*, lorsque, mis en possession par l'interdit *quorum bonorum*, ils avaient accompli l'*usucapio pro herede*. (Gaius, II, §§ 53-58.)

(3) Mais ceux-ci, dans le cas seulement où une émancipation les aurait fait sortir de leur famille adoptive au moment de l'ouverture de la succession. (Instit., III, 1, § 10.)

gens, elle a perdu toute son importance politique depuis la décadence des comices par curies, et la loi civile a cessé de compter avec elle : aucun droit ne lui est plus reconnu sur le patrimoine de ses membres ; et à sa place, apparaît un nouvel ordre de successeurs, d'invention purement prétorienne : ce sont les cognats (1). Ici, le lien du sang est seul considéré : aussi le droit à l'hérédité survit-il à toute *capitis deminutio* qui n'atteint ni la liberté ni la cité (2). L'ordre des cognats comprend tous ceux qui peuvent invoquer une origine commune, aussi bien les agnats qui n'ont pu succéder en cette qualité (3), que les purs cognats, parents par les femmes, et n'ayant jamais fait partie de la famille civile.

C'est ici que pour la première fois dans la législation romaine, un droit de succession est reconnu à la mère en cette qualité ; mais aucun avantage spécial ne lui est

(1) Cette innovation fut d'autant plus facilement réalisée, qu'elle complétait le droit civil sans le contredire en rien. (L. 1, *pr.*, D., *Undè cogn.* (XXXVIII, 8.)

(2) *Quia civilis ratio civilia quidem jura corrumpere potest, naturalia non potest.* — Il semble même résulter d'un fragment d'Ulpien, la loi 1, § 6, D., *Ad. sct. Tertyll.* (XXXVIII, 17), que le *jus cognationis* survivait à la *maxima capitis deminutio.* — Plusieurs corrections de ce texte ont été proposées ; M. Demangeat croit à une interpolation des commissaires de Justinien : mais, quoi qu'il en soit, le principe contraire est établi d'une manière irréfragable par des textes nombreux, dont l'authenticité ne saurait être suspectée. V. notamment la loi 1, § 8, *in fine*, D., *Ad. sct. Tertyll.* et les lois 1, § 4 et 2, § 2, D., *eod. tit.*, qui sont du même Ulpien.

(3) Tel est le fils qui se trouve dans sa famille adoptive au moment de la mort de son père naturel (Inst., III, 1, § 33), les agnats exclus de l'hérédité par le principe de la non-dévolution (Inst., III, 2, § 7), les femmes agnates écartées par la jurisprudence Voconienne. (Ibid., § 3.)

attribué : tous les cognats (1), ascendants, descendants, collatéraux, ne forment qu'un seul ordre, et la proximité de degré opère dans cette masse confuse (2). Ainsi, la mère vient au premier rang, en concours avec le père, si celui-ci, pour une cause quelconque, ne figure point dans l'ordre des *legitimi* : c'est ce qui se produit par exemple dans la succession d'un enfant *sui juris* non émancipé (3), ou même d'un émancipé, quand l'émancipateur est un autre que le père ; de même, la mère et l'enfant du défunt sont appelés au même rang. Ce concours est véritablement contre nature, et c'est avec bien plus de raison que Papinien établit une différence essentielle entre les ascendants et les descendants, ceux-ci appelés par le vœu commun de leurs parents et de la nature, ceux-là admis à l'hérédité de leurs enfants par une sorte de commisération (4).

Si le préteur ne tenait point compte de la parenté civile, il ne considérait pas davantage la légitimité de l'union, source de la parenté naturelle ; les enfants *ex concubinatu*, les *vulgo concepti* concouraient avec les enfants légitimes (5) ; et, en effet, abstraction faite de la relation résultant de la puissance paternelle, le lien qu'établit la communauté d'origine est le même dans tous les cas.

(1) Jusqu'au sixième degré.

(2). M. Labbé, à son cours. — L. 1, § 10, D., *undè cogn.*

(3) L. 2, § 18, D., *Ad. sct. Tertyll.* (XXXVIII, 17.)

(4) *Non sic parentibus liberorum, ut liberis parentium, debetur hereditas; parentes ad bona liberorum ratio miserationis admittit, liberos naturæ simul et parentium commune votum.* (L. 7, § 1, D., *Si tab. testam.* (XXXVIII, 6.)

(5) Instit., III, 3, § 7.

— En outre de la *bonorum possessio unde cognati*, la mère pouvait encore, dans un cas spécial, invoquer la *bonorum possessio unde decem personæ* : dans la succession de l'émancipé *non contracta fiducia*, le préteur faisait passer dix cognats, et la mère en première ligne, avant le *manumissor extraneus*, appelé dans l'ordre des agnats (1). La proximité du degré détermine ici la vocation, comme dans l'ordre des cognats ; cependant, il semble bien résulter d'un texte de Modestin (2) que, lorsque l'émancipé *de cujus* laissait son père et sa mère, le premier prenait seul toute la succession.

— Telle fut la législation jusqu'au commencement du second siècle de l'ère chrétienne, la mère ne venant à la succession de ses enfants qu'après tous les membres, si éloignés qu'ils fussent, de la famille civile, et par un secours prétorien. Claude, le premier, rapportent les Institutes (3), pour consoler une femme de la perte de ses fils, lui déféra leur hérédité légitime.

On dit parfois que cette décision individuelle et toute de faveur devint le droit commun à partir du sénatus-consulte Tertullien (4) ; c'est une grave inexactitude :

(1) Inst., III, 9, § 3.

(2) *Si ad patrem manumissorem filii intestati legitima hereditas perveniat, vel non manumissori bonorum possessio competat, mater defuncti summovebitur.* (L. 10, D., *De suis et legit.* (XXXVIII, 16.) — La *bonorum possessio* dont il s'agit ne peut être que la *bonorum possessio undè decem* ; sans doute, en cas de décès du *manumissor extraneus*, la *bonorum possessio undè cognati* suffirait au père : mais, outre que ce cas est exceptionnel, on a vu que le père et la mère concourent dans l'ordre des cognats ; la loi 2, § 18, D., *Ad. sct. Tertyll.*, est formelle sur ce point.

(3) III, 3, § 1.

(4) La date du sénatus-consulte Tertullien est incertaine ; le texte des Institutes le réfère au règne d'Adrien ; mais plusieurs

le sénatus-consulte, nous l'avons déjà observé, loin de consacrer un droit pour la mère, ne lui donne à l'hérédité de ses enfants qu'une vocation exceptionnelle et privilégiée, récompense d'un triple ou d'un quadruple enfantement. Elle acquiert le droit de succéder à ses enfants dans un autre ordre que celui des cognats, de la même manière qu'au temps d'Auguste elle s'affranchissait de la tutelle perpétuelle : ce sont là deux dérogations au droit traditionnel, motivées par la faveur de la fécondité ; mais, à part ces priviléges individuels, la législation reste la même ; l'on peut dire seulement qu'après le sénatus-consulte Tertullien, l'ingénue mère de trois et l'affranchie mère de quatre enfants reçurent de la loi ce qu'elles ne pouvaient autrefois obtenir que de la bienveillance du prince (1).

De ce qui précède, il résulte naturellement que le *præmium* accordé à la mère ne portait préjudice à aucun des droits que lui reconnaissait déjà la législation prétorienne; ainsi, elle pouvait toujours invoquer la *bonorum possessio unde cognati* et *unde decem* dans le cas où le sénatus-consulte ne recevait point effet (2). Le but et la portée du Tertullien, lorsqu'il s'applique, sont de faire passer la mère de l'ordre des cognats dans l'ordre des

interprètes, remarquant qu'il y eut un consul du nom de Tertullus sous Antonin-le-Pieux, inclinait à croire que c'est ce prince qui est désigné aux Institutes sous le nom de son père adoptif. Cette conjecture expliquerait le silence de Gaius, contemporain d'Antonin-le-Pieux, et qui aurait écrit avant le sénatus-consulte.

(1) C'est le caractère et la portée de la réforme opérée par le Tertullien que nous voulons nous efforcer de mettre ici en relief: quant aux questions si difficiles et si délicates que soulève dans le détail l'application du sénatus-consulte, la discussion n'en rentre point dans le cadre ni dans l'esprit de cette étude.

(2) V. notamment la loi 2, §§ 9-18, D., *Ad. sct. Tertyll.*

legitimi, et de lui déférer, non plus la succession, mais l'hérédité de l'enfant (1); la proximité du degré opérant dans chaque ordre, elle se trouve dès lors primer tous les agnats, sauf les exceptions que nous allons déterminer. Mais ici doit se placer une remarque importante: la règle antique, *in legitimis hereditatibus devolutio non est*, n'a point d'application à ce cas; si la mère, appelée par le sénatus-consulte, n'arrive point à la succession, ce ne sont pas les cognats qui viennent à sa place, mais l'agnat le plus proche au moment de la répudiation de la mère ou de son décès, si elle meurt sans avoir fait adition (2).

Quant aux conditions auxquelles est subordonné ce droit exceptionnel de la mère, elles nous sont déjà connues. C'est d'abord l'obtention du *jus liberorum*, soit par la naissance de trois ou quatre enfants, soit par une concession impériale; le sénatus-consulte ne demandait rien de plus. Plus tard, une déchéance fut prononcée contre la mère majeure de vingt-cinq ans qui avait négligé de faire nommer un tuteur à ses enfants impubères (3), ce qui revint à exiger une seconde condition (4).

— Reste à déterminer, avec plus de précision, le rang attribué à la mère par le Tertullien : elle est mise,

(1) M. Labbé, à son cours.

(2) L. 2, §§ 20-22, *Ad sct. Tertyll.*

(3) Nous avons déjà donné les détails sur ce point. V. p. 37, note 3 et 38 note 2.

(4) Comme troisième condition, M. Accarias ajoute l'ingénuité de l'enfant : il est en effet évident qu'aucun droit de succession ne pouvait résulter de la *cognatio servilis* à une époque où elle n'était pas reconnue. (Inst., III, 6, § 10; — V. cependant la loi 1, § 3, D., *Ad sct. Tertyll.*, confirmée par la loi 6, C., *Ad sct. Tertyll.* (VI, 57).

avons-nous dit, dans l'ordre des *legitimi;* par conséquent, elle est primée par tous les descendants que le préteur appelle dans l'ordre des *liberi*, héritiers siens ou assimilés aux *sui*, à moins que les premiers ne s'abstiennent ou que les seconds ne répudient (1); et même ce tempérament paraît n'avoir pas été admis sans hésitation (2). D'ailleurs, l'application du sénatus-consulte Tertullien cesse dès qu'il y a un descendant appelé à la succession à un titre quelconque, fût-ce par la *bonorum possessio unde cognati*. Ainsi, le descendant en puissance dans une famille adoptive au moment du décès du *de cujus*, concourt avec la mère, l'un et l'autre se trouvant au premier degré des cognats; mais il n'en est ainsi qu'autant qu'il n'y a point d'agnats pour exclure l'enfant donné en adoption; dans ce dernier cas, la question se pose directement entre eux et la mère, et celle-ci est seule appelée (3).

Ce qui précède suppose la succession d'un fils, une femme ne pouvant avoir d'héritiers siens; s'il s'agissait de la succession d'une fille, la mère, d'après le sénatus-consulte, concourait avec les descendants du premier degré et excluait les autres; mais des constitutions postérieures décidèrent que tous les descendants, quels qu'ils fussent, lui seraient préférés (4).

Voilà pour l'ordre des *liberi;* dans les deux ordres des

(1) L. 2, §§ 8 et 14, D., *Ad sct. Tertyll.*

(2) *Africanus et Publicius tentant dicere, in casum quo se abstinent sui, matrem venire; et tunc ei obstent, quoties rem haberent, ne nudum nomen sui heredis noceat matri: quæ sententia æquior est.* (§ 8, *Ibid.*)

(3) § 9, Ibid.

(4) L. 4, C., *Ad sct. Tertyll.* (VI, 57)

legitimi et des cognats, la mère se trouve en conflit avec des ascendants et des collatéraux ; à cet égard, la règle est simple : la mère est toujours exclue par le père, si celui-ci n'a pas changé de famille ; il est préféré, soit comme héritier, s'il a émancipé *contractu fiducia* l'enfant *de cujus* (1), soit, dans le cas contraire, comme *bonorum possessor* (2). Il en est autrement, si le père a été émancipé ou adopté : il est alors exclu par les agnats, s'il en existe ; dans le cas contraire, il vient comme cognat au même degré que la mère, et concourt avec elle (3).

Tout autre ascendant, même émancipateur, est exclu par la mère (4), sauf peut-être le cas unique où le défunt laisse à la fois sa mère, son père et son grand-père émancipateur ; dans ce cas, Paul préfère le grand-père pour éviter un cercle vicieux (5).

Quant aux autres parents, agnats ou cognats, la mère les prime tous, sauf deux exceptions (6) : elle est écartée par le *consanguineus*, et elle concourt avec la *consanguinea* (7) ; s'il y a à la fois un frère et une sœur consanguins en présence de la mère, celle-ci étant exclue par

(1) L. 10, D., *De suis et legit.* (XXXVIII, 16.)
(2) L. 2, § 16, *Ad sct. Tertyll.*
(3) L. 2, §§ 17-18, *Ad sct. Tertyll.*
(4) *Ibid.*, § 15.
(5) L. 5, § 2, *Ibid.* — *Contra*, Ulpien, L. 2, § 15, *Ibid* : l'opinion d'Ulpien n'est pas même présentée comme douteuse.
(6) Reg. Ulp., XXVI, § 8.
(7) Quel que soit le nombre des *consanguineæ*, la mère prend une moitié : le § 8, titre XXVI des règles d'Ulpien n'est pas explicite sur ce point ; mais tous les doutes sont levés par la loi 7, *pr.*, C., *Ad sct. Tertyll.* (VI, 56), qui attribue formellement à la mère la moitié de la succession, et présente cette disposition comme conforme au droit ancien, *pro veterum legum tenore*.

le frère, la succession se partage également entre le frère et la sœur (1).

En définitive, la théorie du sénatus-consulte Tertullien se résume ainsi : la mère investie du *jus liberorum* a droit à l'hérédité, elle vient comme *heres legitima* s'il n'y a pas d'enfant appelé par le droit civil ou le prêteur (2); mais le sénatus-consulte ne s'applique qu'autant que le père n'existe plus, à moins qu'il n'y ait entre lui et la succession un obstacle indépendant du sénatus-consulte; enfin, la mère est exclue par le frère agnat (3).

— Terminons par une double observation. Pour l'application du Tertullien, il n'était tenu aucun compte du caractère plus ou moins légitime de la filiation, pas plus que dans l'édit du préteur. D'autre part, la femme *liberis honorata*, quoique fille de famille, n'en recueillait pas moins le bénéfice du sénatus-consulte; seulement, l'adition ne pouvait avoir lieu qu'en vertu du *jussus* du père de famille (4); quant à la *bonorum possessio*, il suffit d'une ratification ultérieure (5).

Tout ce qui précède n'a d'application qu'à l'hérédité d'un *sui juris;* l'enfant en puissance, à l'époque classique, n'a encore aucun patrimoine qu'il puisse transmettre, du moins *ab intestat;* le pécule *castrans* lui-même n'admet qu'une dévolution testamentaire (6).

(1) Inst., III, 3, § 3.

(2) Fût-ce au moyen de la *bonorum possessio undè cognati;* — V. un rescrit d'Antonin-le-Pieux, L. 2, § 9, *Ad sct. Tertyll.*

(3) R. Ulp., XXVI, § 8.

(4) Instit., III, 3 § 2.

(5) L. 3, § 7, D., *De bon. poss.*, (XXXVII, 1); — 6, § 1, D., *De acq. vel omitt. her.* (XXIX, 2.)

(6) Instit., II, 12 *pr.*

— Ici se termine ce que nous avions à dire des avantages attachés au *jus liberorum*; nous n'avons plus qu'à déterminer brièvement les conditions auxquelles il était obtenu. Ce point est traité en détail, à propos du sénatus-consulte Tertullien, par les sentences de Paul, livre IV, titre 9; le *jus liberorum*, dit le jurisconsulte, appartient à la mère à la suite de trois ou de quatre enfantements, chacun d'eux ayant eu lieu à terme (1), et amené un enfant vivant; peu importe la mort ultérieure, même de tous les enfants : le *jus liberorum* n'en est pas moins irrévocablement acquis (2).

Ces conditions sont générales et s'appliquent tant au point de vue de la loi Julia que du sénatus-consulte Tertullien; mais si l'on examine les textes de plus près, il est curieux d'observer que, dans le détail, les conditions d'obtention du *jus liberorum* sont plus rigoureuses en ce qui concerne le sénatus-consulte (3). Ainsi, d'après Paul, le *partus monstrosus* n'est point compté à la femme au point de vue du Tertullien (4); Ulpien, dans un commentaire sur les lois Julia et Papia, donne la solution contraire (5); d'autre part, Paul, *ad senatusconsultum Tertyllianum*, refuse le *jus liberorum* à la mère de trois jumeaux, hors le cas, rare assurément, d'un triple accouchement *per intervalla*; et le même jurisconsulte, *ad*

(1) Cette condition est considérée comme accomplie quand l'accouchement a lieu le septième mois : *Ratio enim Pythagorei numeri hoc videtur admittere* (Pauli Sent., IV, 9, § 5).

(2) Ibid., § 9.

(3) Cette explication a été proposée par Cujas, pour expliquer l'antinomie de certains textes, et la plupart des interprètes l'ont suivie.

(4) Pauli Sent., *Ad sct. Tertyll.*, IV, 9, § 3.

(5) L. 135, D., *De verb. sign.* (L, 16.)

legem Juliam et Papiam (1), dit formellement : *Ter enixa videtur, etiam quæ trigeminos pepererit.* Ces différences mettent encore en relief le caractère de privilége que nous avons reconnu dans Tertullien.

Malgré ce caractère exceptionnel, le droit nouveau établi par le sénatus-consulte Tertullien appelait une autre réforme dans la matière des successions *ab intestat* : en effet, l'égalité se trouvait rompue entre l'enfant et la mère ; celle-ci pouvait être appelée au second rang dans la succession de son fils, au premier dans celle de sa fille ; l'enfant, lui, ne venait jamais que dans l'ordre des cognats, après les agnats du degré le plus éloigné, après la mère de sa mère, admise au rang des *legitimi* par le sénatus-consulte Tertullien. Le sénatus-consulte Orphitien vint réparer cette iniquité (2).

A la différence du Tertullien, il introduisit dans la législation une réforme générale : le droit de succéder à sa mère fut reconnu à l'enfant sans autre condition que la capacité ordinaire de recueillir une hérédité quelconque. Légitime ou naturel (3), *sui juris* ou *alieni juris*, né d'une ingénue ou d'une affranchie (4), il figure dès lors dans le second ordre de la succession prétorienne, une femme ne pouvant avoir d'héritiers siens, et par conséquent, il se trouve exclure tous ceux qu'appelait autrefois le droit civil (5).

Nous venons de déterminer les droits successoraux

(1) L. 127, Ibid.

(2) Ce sénatus-consulte est de l'époque de Marc-Aurèle, vers l'an 178 de notre ère.

(3) Inst., III, 4, *pr.* et § 3.

(4) L. 1, *pr.*, D., *Ad sct. Tertyll.*

(5) L. 1, § 9, Ibid.

de la mère et de l'enfant : il nous reste à voir comment ils sont garantis.

La mère, en sa qualité d'ascendante, avait la *querela inofficiosi testamenti* contre un testament qui l'omettait sans juste cause ; il suffit de rappeler les principes généraux de la plainte d'inofficiosité pour comprendre immédiatement à quelles conditions elle pouvait agir. On sait que la *querela* est une véritable pétition d'hérédité, subordonnée à l'examen de l'inofficiosité du testament : par conséquent, elle ne peut être intentée qu'autant que le *querelans* serait appelé à la succession *ab intestat.* Ainsi la mère, avant le sénatus-consulte Tertullien, n'a droit d'agir qu'autant que le testateur ne laisse aucun héritier dans l'ordre des *sui*, aucun dans l'ordre des *legitimi*; à moins cependant qu'elle ne vienne en rang utile pour succéder par suite de l'abstention ou de la renonciation des parents qui la primaient : après le sénatus-consulte, la mère *liberis honorata* peut attaquer le testament de son fils toutes les fois qu'elle n'est pas exclue par un *suus*, par le père du défunt, ou par un *consanguineus* (1) : à l'encontre d'un testament instituant une sœur agnate, elle ne peut revendiquer que la moitié de l'hérédité, puisque le Tertullien, dans ce cas, les appelle toutes deux en concours (2) (3).

(1) V. *Suprà*, p. 72-73.

(2) Reg. Ulp., XXVI, § 8 ; — Inst., III, 3, § 3.

(3) Relativement à la question de preuve, le testament n'étant rescindé qu'autant que l'omission est injuste, certains interprètes ont prétendu que l'ascendant omis, et spécialement la mère, n'avait aucune preuve à faire, l'iniquité de l'omission devant être en quelque sorte présumée. — Mais la constitution de Constantin

La matière des substitutions pupillaires présente ici une double particularité : un père est mort en donnant à son fils un substitué pupillaire ; l'enfant décède à son tour avant sa puberté, laissant sa mère à sa survivance : celle-ci, écartée par le substitué, n'a aucun droit d'intenter la *querela ;* et, en effet, l'exclusion dont elle souffre ne vient pas de son fils, mais de son mari (1) ; l'*officium pietatis* n'a reçu aucune atteinte, le testament est inattaquable (2).

Cette décision est rigoureuse pour la mère ; celle qui suit, au contraire, est tout en sa faveur. Le plus souvent, le père qui donnait à son fils un substitué vulgaire, écrivait au profit de la même personne une substitution pupillaire : c'était là une intention si probable chez le testateur, que, dans le cas d'une obscurité de rédaction, on tranchait toujours la question en ce sens, et que Modestin va jusqu'à établir entre les deux substitutions une absolue connexité (3). Mais, l'enfant venant à mourir impubère, la mère survivante ne se voyait point opposer la substitution pupillaire sous-entendue à l'égard de tous les autres ; vis-à-vis d'elle il n'y a qu'un substitué vulgaire dont la vocation est

sur laquelle on prétend s'appuyer (L. 2, C. Th., et 28, C. J., *De inoff. test.*), n'est rien moins que concluante ; il est plus que vraisemblable que l'on suivait ici le droit commun, et que c'était au demandeur à justifier sa prétention.

(1) C'est une conséquence de cette idée, à laquelle les jurisconsultes romains sont loin d'ailleurs de s'être exclusivement attachés, que l'hérédité de l'enfant était une partie de l'hérédité paternelle.

(2) L. 8, § 5, D., *De inoff. test.* (V, 2).

(3) L. 4, *pr.*, D., *De vulg. et pup. substit.* XXVIII, 6.)

défaillie, et qui ne saurait l'empêcher de venir à l'hérédité (1).

— Le même droit, et aux mêmes conditions, appartenait aux enfants contre le testament maternel où ils étaient omis (2). Avant le sénatus-consulte Orphitien, ils pouvaient agir quand leur mère, passée *in manum*, était devenue leur agnate, et que le droit civil les admettait en premier ordre à sa succession : même en dehors du cas de la *manus*, ils étaient appelés par le préteur et pouvaient attaquer le testament quand aucun agnat ne les écartait ; et dans ce cas, avant d'intenter la *querela*, ils devaient obtenir du préteur la *bonorum possessio unde cognati* (3). Enfin, après le sénatus-consulte Orphitien, les enfants, appelés avant tous les autres, eurent toujours droit de faire tomber l'institution d'un étranger qu'ils n'avaient point provoquée par leurs torts.

(1) L. 45, *pr.*, D., *eod. tit.* ; — L. 9, C., *De instit. et substit.* (VI, 25.)

(2) L'omission dans le testament de la mère équivaut à une exhérédation dans le testament paternel : *silentium matris tantum facit quantum exheredatio patris.* (Inst., II, 13, § 7.)

(3) L. 2, C., *De inoff. test.* (III, 28.) — Cette loi démontre jusqu'à l'évidence ce que nous disions plus haut, que la *querela* n'est autre chose qu'une pétition d'hérédité.

Troisième période.

Tel était le droit à l'avénement de Constantin. Nous avons suivi jusqu'ici la législation romaine dans ses modifications successives; rude et simple à l'origine, *asperum, simplex*, nous l'avons vue, par un progrès insensible et continu, se tempérer et s'adoucir : dans cette lutte séculaire et silencieuse du vieux droit romain contre l'équité, le premier, réduit dès le début à la défensive en face d'un ennemi aussi persévérant qu'habile, devait fatalement succomber. A l'époque où nous sommes arrivés, sa défaite est complète: néanmoins, selon l'expression de M. Troplong (1), cette forte conception des temps aristocratiques s'était défendue avec énergie dans son originalité jalouse, et la vénération des Romains pour les institutions du passé (2) ne leur permettant pas de procéder par voie de révolution, les innovations profondes qui s'étaient produites avaient respecté la forme en bouleversant le fond.

La philosophie même, déjà si élevée chez Cicéron, si large et si humaine chez les Stoïciens des premiers siècles de l'empire, n'osa ou plutôt ne voulut point s'at-

(1) *De l'influence du christianisme sur le droit civil des Romains*, 1re partie, ch. IV.

(2) A l'époque de l'empire, il y avait bien des parties du vieux droit civil, dont on pouvait dire: *non omnium quæ a majoribus constituta sunt ratio reddi potest.* Et cependant, ces institutions incomprises restèrent inviolables et inviolées, comme des rites antiques dont le caractère sacré subsiste, bien que le sens en soit perdu.

taquer aux vestiges restés debout du *jus Quiritium* : les grands hommes chez qui la vertu, en ces tristes temps, semblait s'être retirée tout entière, faisaient ombrage à la corruption despotique des Césars, et une mort violente hâtait d'ordinaire le terme de leurs travaux : suprême hommage rendu par le vice à la vertu dont il ne pouvait autrement triompher. Aussi la plupart restaient-ils fidèlement attachés au souvenir des anciennes institutions, qu'ils respectaient jusque dans les formes surannées du droit civil. Par suite, l'action de la philosophie sur la législation fut timide, et comme respectueuse : les modifications les plus radicales furent introduites par les constitutions des princes, pleinement dégagés de ce respect du passé ; et le seul jurisconsulte dont les innovations présentent un véritable caractère de hardiesse, Ulpien, était un Phénicien.

Mais, à côté de la philosophie, une autre puissance était née et grandissait de jour en jour : le christianisme avait paru dans le monde, et en commençait la rapide conquête. Il n'entre point dans notre objet d'étudier dès son origine son action sur le droit : action d'abord indirecte et latente, mais réelle cependant, et manifestée par les effets. La philosophie fut la première à ressentir son influence (1), à son insu et peut-être malgré elle : « Epictète n'était pas chrétien, dit M. Villemain, mais l'empreinte du christianisme était déjà sur le monde » (2). Ce fut cette philosophie ainsi pénétrée de l'esprit chrétien qui agit sur le droit de la manière

(1) Cette action de la doctrine chrétienne sur l'école du Portique et particulièrement sur Sénèque est aujourd'hui hors de doute. V. M. Troplong, *op. cit.*, t, 4.

(2) Mélanges, t. III, p. 270.

que nous avons dite : et bientôt à cette action réflexe succède une influence immédiate et directe. Le pouvoir législatif, dès les premiers temps de l'empire, est concentré entre les mains du prince, et la religion nouvelle ne tarde pas à s'approcher du trône : Septime Sévère confie au chrétien Proculus l'éducation de son fils aîné (1); Alexandre Sévère, fils d'une mère presque chrétienne, adore Jésus-Christ à côté d'Abraham et d'Orphée, et grave sur les murs de son palais la parole évangélique : « Ne fais pas à autrui ce que tu ne voudrais pas qu'on te fît » (2). Dans l'intervalle des persécutions, le christianisme pénètre ainsi la législation, et le redoublement de fureur qui ramène périodiquement les supplices prouve la rapidité de son envahissement.

Vient enfin le jour où ces superstitions étrangères dont parlait Tacite avec tant de dédain et de haine (3), arrivent à l'empire avec Constantin : le christianisme, dès lors, a en main cette puissance séculière dont il a été jusqu'ici opprimé. De ce jour, c'en est fait des derniers restes du vieux droit romain : la religion qui l'avait fondé est anéantie, la constitution politique à laquelle il correspondait n'est plus qu'un souvenir, enfin tous les principes sur lesquels il était fondé sont réduits en poussière par la doctrine nouvelle. C'est cette dernière et radicale transformation du droit dont nous avons maintenant à présenter l'histoire. On comprend que les changements que nous allons rencontrer affectent un caractère tout

(1) *Lacte christiano educatus Caracalla* (Tertullien, *Ad Scapulam*, cap. IV).

(2) Lamp., *Vie d'Alexandre Sévère*, XXIX et LI. — M. Troplong, *loc. cit.*

(3) *Ann.*, XIII, 32.

nouveau : plus de respect, plus de scrupule ; qu'importent au législateur chrétien la loi des XII Tables et l'antique prérogative des citoyens romains? Comme la religion dont il s'inspire, le droit veut désormais être universel, et la morale nouvellement révélée au monde dicte seule ses prescriptions. Mais ce renouvellement ne put s'opérer à la fois sur tous les points de la législation : de là des incohérences inévitables dans le droit postérieur à Constantin, jusqu'au jour où Justinien jeta à terre ce qui restait du vieux droit, pour construire un édifice nouveau avec ces matériaux transformés.

—Comme il devait arriver, le droit de la famille fut le premier renouvelé ; du moment où prévalut l'idée chrétienne, le cadre étroit et arbitraire de la famille civile se brisa, et la mère y conquit rapidement sa place légitime. L'un des caractères les plus saisissants de la doctrine nouvelle était le respect dont elle entourait la femme, l'influence qu'elle lui reconnaissait ; le christianisme, en effet, avait trouvé en elle un auxiliaire puissant de sa propagation ; dans cette œuvre de persuasion, la douce et persévérante influence de la femme et de la mère avait été irrésistible, et tout ce que la législation ancienne lui avait refusé lui était dû désormais à un double titre, comme un droit et comme une récompense.

C'est ainsi que la mère se voit associée à l'exercice du pouvoir domestique, et peu à peu égalée au père dans la famille. Nous avons montré comment, dès avant Constantin, un progrès continu l'avait tirée de son ancienne sujétion : selon l'expression si précise de M. Gide (1),

(1) *Condition civile de la femme*, p. 210.

« à mesure que le pouvoir paternel décline, l'autorité de la mère grandit, et l'on voit les deux puissances, par des mouvements contraires, tendre vers le même niveau. » Il en est ainsi jusqu'à l'avènement du christianisme au trône; de ce jour, la décadence de la puissance paternelle se précipite; vient enfin un moment où l'institution, telle que la Rome antique l'avait constituée, est absolument anéantie, et à sa place paraît un pouvoir jusqu'alors inconnu, fondé sur une base nouvelle, et auquel la mère va dès [illegible]s participer.

Ce nouveau fondement de la pu[illegible]ance paternelle n'est autre que l'intérêt même de ceux [illegible]r lesquels elle s'exerce. « Ce n'est pas aux enfants à amasser du bien pour leurs pères, mais aux pères à en amasser pour leurs enfants » (1); c'est en ces termes que saint Paul, dès l'origine, posait la loi nouvelle en opposition avec le droit traditionnel; dans ses écrits, toutes les fois qu'il s'agit des droits et des prérogatives du pouvoir paternel, le nom du père et celui de la mère ne sont jamais séparés; et, en effet, puisqu'il s'agit désormais d'une mission de tendresse et de dévouement, la femme a droit de réclamer sa part (2).

Ce caractère général des réformes de la dernière période nous permettra de les comprendre et de les exposer rapidement. En premier lieu, la puissance paternelle, dans les idées chrétiennes, n'étant plus qu'un pouvoir de protection, l'exercice en doit évidemment être enlevé au père du moment qu'il s'en montre indigne; jusque-là, en cas de divorce, le juge n'était lié par

(1) *Ad Corinthios*, Ep. II, 12.
(2) Saint Paul, *Ad Ephes.*, vi, 1; — *Ad Coloss.*, iii, 20.

aucune règle fixe dans l'attribution de la garde des enfants; il consultait leur intérêt, et statuait en conséquence (1). Une novelle de Justinien vint changer le droit à cet égard (2) : si le divorce a été amené par la faute du père, et que la mère n'ait point convolé en d'autres noces, elle obtient la garde de ses enfants, le père subvenant aux frais de leur éducation; en cas de divorce imputable à la femme, ils restent avec le père, et sont élevés à ses frais; si cependant les biens du père sont insuffisants, tandis que la mère est riche, la garde des enfants est remise à celle-ci, et toutes les dépenses restent à sa charge.

— Considérons maintenant la situation de la mère quand la puissance paternelle a pris fin par la mort du père. A qui désormais va être déférée la tutelle? à l'époque classique, on a vu que la mère ne pouvait l'obtenir que d'une concession impériale (3); le premier document législatif qui le lui attribue d'une manière générale, moyennant l'accomplissement de certaines conditions, est une constitution des empereurs Valentinien, Théodose et Arcadius, de l'an 390 (4); la veuve qui veut devenir tutrice de ses enfants doit s'adresser au magistrat, et s'engager par serment à ne point se remarier; moyennant quoi la tutelle lui est déférée : que si, malgré sa promesse, elle prend un nouvel époux, les biens de celui-ci sont solidairement affectés à l'apurement des

(1) Loi unique, C., *Divort. fact. ap. quem lib.* (v, 24). — V. ci-dessus, p. 31.

(2) Nov. 117, ch. 7.

(3) L. 18, D., *De tutelis.* (xxvi, 1).

(4) L. 4, C. Théod., *De tut. et curat. creand.* (iii, 17); — et L. 2, C. J., *Quando mul.* (v, 35).

comptes de tutelle (1). Le droit de devenir tutrice n'appartient d'ailleurs à la mère qu'autant qu'elle est majeure de vingt-cinq ans, et à défaut de tuteur légitime ou testamentaire, capable et non excusé ; enfin la tutelle n'est jamais imposée à la veuve ; si elle en décline la charge, à Rome le préfet de la ville assisté du préteur, et dans les provinces le juge, pourvoient, après enquête, à la protection du mineur.

Justinien alla plus loin : il commença par confirmer l'innovation de ses prédécesseurs ; seulement, il cessa d'exiger le serment, observant qu'il était presque aussi souvent violé que prêté (2), et, de plus, il prononça formellement contre la mère la déchéance immédiate de la tutelle par le seul fait du second mariage (3).

Le droit dont il s'agit n'était reconnu jusqu'ici qu'à la mère légitime ; Justinien l'étendit à la mère naturelle (4), avec d'autant plus de raison que les enfants *ex concubinatu* ne pouvaient avoir de tuteur testamentaire (5) ou légitime. Ici apparaît pour la première fois, au moins

(1) On peut trouver ici la première idée de notre institution moderne de la cotutelle. — Une peine plus rigoureuse atteignait la femme qui violait son serment : elle était déchue de tout droit à la succession de son fils mort impubère. (L. 6, C., *Ad sct. Tertull.*, VI, 46) ; mais cette double sanction n'était prononcée qu'autant que la veuve, avant son second mariage, avait négligé de faire nommer un tuteur par le magistrat, et de rendre ses comptes. (L. 6, C., *In quib. causis pign. cap.*, VIII, 15.)

(2) Nov., 94 ch. 2. — Cf. Authent. *sacramentum*, C. (V, 35).

(3) La constitution de Valentinien, Théodose et Arcadius n'était pas explicite sur ce point.

(4) L. 3, C., *Quando mulier*.

(5) Au moins en général, car le père naturel pouvait nommer par testament un tuteur à ses enfants *ex concubinatu*, *in rebus quæ ab eo in eos profectæ sunt*.

d'une manière expresse, la condition de la renonciation au bénéfice du sénatus-consulte Velléien (1). Enfin, une innovation radicale fut introduite par Justinien la dix-huitième année de son règne : à défaut de tuteur testamentaire, la tutelle légitime fut de droit attribuée à la mère et à l'aïeule qui renonçaient *apud acta* à un nouveau mariage et à l'exception du sénatus-consulte Velléien (2); leur droit primait celui de tous les autres parents, agnats ou cognats.

— Le pouvoir de la mère ne se borna point aux biens de ses enfants, il s'étendit, au moins dans des cas déterminés, à leur personne même; c'est ainsi qu'elle fut appelée à donner son consentement au mariage de sa fille, quand le père était prédécédé. Dans le pur droit romain, c'était là une prérogative du chef de famille, un attribut de la puissance paternelle; ni l'intérêt de l'enfant, ni l'affection de la mère n'étaient consultés. Cependant, peut-être n'en était-il absolument ainsi que pour le mariage d'un fils; s'il s'agissait d'une fille, il semble bien résulter d'une constitution de Sévère et Antonin, insérée au Code de Justinien (3), que la libre disposition de sa main ne lui était point laissée après la mort du père; c'étaient la mère et le tuteur, de concert avec les plus proches parents, qui choisissaient le futur époux; à défaut d'entente, l'autorité du président de la

(1) Cette renonciation devait à l'origine être faite avec serment, la constitution que nous analysons étant antérieure à l'authentique *sacramentum*.

(2) Nov. 118, ch. 5. — Il est probable qu'après cette constitution, la mère put être appelée par le père prédécédé à la tutelle testamentaire.

(3) L. 1, C., *De nuptiis*, v, 4. — V. Pothier, XXIII, 2.

province tranchait le différend (1). Mais le droit changea, et toute liberté fut laissée à la fille *sui juris* par un rescrit des mêmes empereurs (2). Un tel état de choses ne pouvait se maintenir après le triomphe des idées chrétiennes : la volonté de la mère, dit saint Augustin, doit prévaloir sur toutes les autres quand il s'agit du mariage de sa fille (3) ; mais, par une étrange inconséquence, cette doctrine n'est point étendue au mariage du fils, et les Pères de l'Église, jusqu'au VIe siècle, s'en tiennent à peu près à la législation en vigueur avant la constitution de Septime Sévère (4) ; tant était vivace le préjugé qui rattachait plus étroitement au père le fils destiné à perpétuer sa famille et son nom !

Quoi qu'il en soit, une constitution de Valentinien, Théodose et Arcadius, de l'an 371, décida que la fille de famille veuve et mineure de vingt-cinq ans ne pourrait, bien qu'émancipée, contracter un second mariage sans le consentement paternel (5) ; si elle refuse d'agréer

(1) Suétone, dans la *Vie de Tibère*, parle même d'un tirage au sort.

(2) L. 20, D., *De ritu nupt.* (XXIII, 2).

(3) *Epist.*, 254, *Ad Benenat.*

(4) Saint Augustin reste même en deçà, car il n'exige le consentement maternel que pour les filles qui ne sont pas encore en âge de se guider elles-mêmes.

(5) L. 1, C. Th., *De nuptiis* (I, 7) ; — L. 18, C. J., *eod tit.* (V. 4). — Quel était le caractère de ce consentement? était-il demandé par un simple motif de bienséance, ou constituait-il une formalité indispensable à la validité du mariage? — Godefroy, dont l'avis est suivi par Pothier, adopte cette dernière opinion, en se fondant sur les termes impératifs de la loi 1, C. Th., *De nuptiis;* tel est également le système admis par Cujas. Au reste, Godefroy pense que cette constitution, adressée au Sénat, ne s'appliquait qu'aux veuves de famille sénatoriale.

l'époux présenté par son père et ses proches, le juge intervient, et désigne, entre plusieurs compétiteurs également honorables, celui sur lequel le choix éclairé de la femme se serait vraisemblablement porté. Le principe de l'autorisation paternelle se trouve ainsi complètement transformé ; aussi ne faut-il point s'étonner de voir quelques années plus tard les empereurs Honorius et Théodose conférer le même droit à la mère relativement au mariage de la fille *sui juris* mineure de vingt-cinq ans(1) : d'ailleurs, à la mère est adjoint une sorte de conseil de famille, et l'on a égard au choix de la jeune fille elle-même. La législation, sur ce point, n'alla pas au delà.

— Les innovations furent également assez timides dans la matière de l'adoption, au moins en ce qui concerne les droits nouveaux conférés à la femme. Nous avons parlé d'une constitution des empereurs Dioclétien et Maximien (2), qui permit l'adoption à une certaine Syra pour la consoler de la perte de ses enfants; ce rescrit fut simplement généralisé par Justinien (3). Quant aux effets de cette adoption, nous les avons déjà indiqués : après la réforme justinienne, ce sont ceux de l'adoption *minus plena*, et ils se résument dans l'acquisition d'un droit à la succession *ab intestat* de la mère adoptive (4). Il faut arriver à Léon le Philosophe pour voir la faculté d'adopter généralisée, et reconnue à toutes les femmes

(1) L. 20, C., *De nuptiis*.
(2) L. 5, C., *De adopt.* (VIII, 48).
(3) Inst., *De adopt.*, I, 11, § 10.
(4) Très-probablement, cette adoption entraînait aussi les mêmes prohibitions de mariage que dans l'ancien droit. (M. Accarias, *Précis de droit romain*, t. I, p. 242.)

sans distinction; l'empereur, dans une constitution écrite avec la pompeuse prolixité du style byzantin (1), déclare injuste et illogique l'exclusion prononcée jusqu'alors contre celles qui n'avaient point été mères. Pourquoi, dit-il, leur refuser le droit de se donner par l'adoption des soutiens de leur vieillesse? Si leurs entrailles n'ont point été fécondes, faut-il leur en faire un crime? Bien plus, en leur permettant de satisfaire ainsi par l'adoption leurs légitimes aspirations à la maternité, on les encourage à garder leur virginité intacte (2) : quant à l'obstacle résultant de ce fait, que la puissance paternelle ne saurait être exercée par une femme, il doit être tenu pour imaginaire. Abstraction faite de l'emphase quelque peu ridicule de la forme, c'est l'esprit même du christianisme qui parle dans cette constitution.

Ainsi sont reconnus et sanctionnés les liens établis par la nature entre les enfants et la mère; mais, en même temps que les droits de celle-ci s'étendent, ses devoirs deviennent plus stricts, et si, à défaut du père, l'exercice de la puissance paternelle lui est jusqu'à un certain point dévolu, elle doit par réciprocité supporter des charges qui jusque-là pesaient exclusivement sur le chef de la famille. C'est ainsi que, sous Justinien, la mère est dans certains cas civilement tenue de doter sa fille : cette obligation lui est imposée, soit en accomplissement d'un devoir naturel, quand le père est indigent, soit à titre de peine, quand elle-même est héréti-

(1) Nov. XXVII.

(2) *Non solùm ob commoditates quas ex adoptione manare dixi, sed etiam quod indè virginitatis decus cohonestari animadvertam.*

que (1). Mais ne faut-il pas admettre qu'il en était ainsi bien avant Justinien? C'est ce qui semble résulter nettement d'un rescrit de Dioclétien et Maximien (2), de l'an 287; mais on admet très-généralement que le sens de ce texte a été altéré par une interpolation de Tribonien (3).

En même temps que sous l'influence du christianisme la mère entrait en possession dans la famille de ses droits légitimes, elle perdait un à un les priviléges extramaternels qu'une législation factice avait attachés à la fécondité. Auguste avait prétendu restaurer les mœurs publiques en incitant au mariage par l'appât d'un intérêt pécuniaire; le christianisme concevait autrement l'union conjugale, « qu'il élevait jusqu'au ciel par la dignité du sacrement » (4). Aussi était-ce par des moyens différents qu'il entendait accomplir sa mission régénératrice, et les lois qui profanaient par une idée de lucre le plus saint des liens étaient les premières auxquelles il dut s'attaquer. En outre, la continence et la chasteté étaient érigées en vertus éclatantes; dès lors, comment un prince chrétien eût-il pu maintenir dans

(1) L. 19, § 1, C., *De hæreticis et manich.* (I, 5); — mais l'obligation de la mère n'existe qu'à l'égard de la fille orthodoxe.

(2) L. 14, C., *De jure dotium* (V, 12).

(3) La tournure même de la phrase rend l'interpolation très-probable. D'ailleurs, si, dès le temps de Dioclétien, la mère avait été dans certains cas civilement tenue de doter sa fille, comment Justin, le prédécesseur immédiat de Justinien, eût-il pu dire que c'était là une obligation exclusive du père? *Neque enim leges incognitæ sunt, quibus cautum est* OMNINO PATERNUM ESSE OFFICIUM, *dotem vel antè nuptias donationem pro suâ dare progenie.* (L. 7, C., *De dotis prom.*, V, 11.)

(4) M. Troplong, *op. cit.*, 2me partie, ch. 3.

la législation des peines contre le célibat, surtout à une époque où l'union de l'Église et de l'Etat était intime, et semblait indissoluble ?

Mais ce droit complexe, désigné à l'époque classique sous le nom de *jus liberorum*, ne fut pas supprimé d'un seul coup : on a vu qu'il se constituait d'un certain nombre de prérogatives distinctes, dont chacune avait son caractère propre et ses conditions d'obtention ; de ces priviléges, ceux qui se trouvaient en opposition plus directe avec la doctrine nouvelle disparurent les premiers ; les autres survécurent plus ou moins longtemps, bien que leur raison d'être se fût perdue ou transformée, jusqu'au jour où les derniers vestiges de cette institution morte furent détruits par Justinien.

— Le premier des avantages attachés à la maternité était l'affranchissement de la tutelle perpétuelle : ce privilége ne disparut jamais par une abrogation formelle, mais il cessa naturellement d'exister, en tant que droit exceptionnel, par la désuétude de la tutelle des femmes pubères. Celle-ci, élément nécessaire de l'ancien état social, suivit dans sa décadence la constitution aristocratique de Rome, et peu à peu s'effaça sans laisser de traces ; à l'époque de Constantin, le souvenir même en paraît anéanti, et ce prince, dans une constitution de l'an 321, assimile absolument les deux sexes au point de vue de la capacité, sans paraître introduire dans la législation autre chose qu'une innovation de détail (1).

De même, la femme n'a plus besoin du *jus liberorum* pour être relevée de l'incapacité de la loi Voconia, qui depuis longtemps a cessé d'exister.

(1) Relativement à l'obtention de la *venia ætatis* ; — V. L. 2, § 1, C., *De his qui veniam* (II, 45).

Quant au *jus ex testamento capeiendi*, toutes les déchéances prononcées par les lois Julia et Papia ont été supprimées par le premier prince chrétien (1); *Cælibes*, *orbi*, *patres* ont désormais le droit égal de recueillir intégralement les dispositions écrites à leur profit (2), et cette abrogation des peines de l'*orbitas* est appliquée aux femmes par une disposition spéciale de la constitution (3).

— Restent donc les priviléges relatifs à la succession des affranchis, au sénatus-consulte Tertullien, et à la quotité disponible entre époux.

Nous avons déjà dit avec quelle rigueur les lois décimaires furent maintenues par Constantin (4); son but était, non plus d'encourager à la procréation des enfants, mais de prévenir la possibilité d'une captation entre les époux. Ces prohibitions perdirent leur raison d'être

(1) L. 1, C., *De infirm. cælib. pæn.* (VIII, 16): *Anno*, 320.

(2) Mais il n'en faut pas conclure que le *jus patrum* ait dès lors disparu; au-dessus du *jus capiendi solidum* généralisé, il y a toujours un droit privilégié réservé à ceux *qui liberos in testamento habent*: la preuve, c'est qu'il est toujours nécessaire de demander au prince le *jus liberorum*, et qu'une constitution des empereurs Honorius et Arcadius, de l'an 396, en facilite l'obtention. (L. 1, C. Th., VIII, 16.) D'ailleurs, comme l'observe M. Machelard, on conçoit parfaitement un système qui, tout en évitant de sévir contre les citoyens sans enfants, réserve cependant des préférences à ceux qui sont chargés de famille. (*De l'accroissement*, ch. 2, § 3.) La destruction des lois Julia et Papia ne fut consommée qu'en 534 par Justinien. (L. 1, C., *De caducis tollendis*, VI, 51.)

(3) Comme le remarque M. Machelard (*De l'accroissement*, ch. 2, § 3), cette mention spéciale pour restituer aux femmes la pleine capacité confirme la distinction que nous avons établie plus haut entre les deux sexes, les femmes n'ayant le *jus capiendi* que moyennant l'obtention du *jus liberorum*. — V. *Suprà*, p. 59 et 60.

(4) V. *Suprà*, p. 57, note 1.

quand le christianisme eut relevé la dignité de l'union conjugale; et, moins d'un siècle après Constantin (1), toute liberté fut rendue par Honorius et Théodose aux dispositions réciproques des conjoints.

Mais ce fut seulement sous Justinien (2) que la mère acquit sans condition le droit de succéder à ses enfants; ce dernier élément du *jus liberorum* se maintint donc jusqu'à la fin dans la législation romaine : telle est au moins l'opinion à laquelle nous nous attachons dans une controverse assez célèbre. Il existe en effet au Code Théodosien une constitution déjà citée d'Honorius et Théodose, portant concession générale du *jus liberorum* (3) : que vient faire dès lors, plus d'un siècle après (4), la constitution de Justinien? Cujas et Godefroy donnent de cette difficulté une solution pleinement satisfaisante : suivant eux, la constitution d'Honorius et Théodose prononçait uniquement l'abrogation des lois décimaires, sans toucher au système du sénatus-consulte Tertullien : c'est ainsi que Constantin avait concédé à tous le *jus liberorum*, en ce sens que tous étaient désormais affranchis des peines du célibat et de l'*orbitas;* selon l'expression de Godefroy, *jus liberorum scilicet et pro subjecti varietate accipi oportet* (5). Justinien,

(1) En 410.
(2) L. 2, C., *De jure liber.* (VIII, 59).
(3) L. 3, C. Th., *Eod. tit.* (VIII, 17).
(4) En 528.
(5) Cujas et Godefroy invoquent à l'appui de leur opinion la disposition et la suite logique des textes du titre *De jure liberorum*, au Code Théodosien: la loi 2 prononce l'abolition des lois décimaires, et la loi 3 déclare qu'à l'avenir, il sera inutile de s'adresser au prince pour l'obtention du *jus liberorum*. Il est très-vraisemblable que ces deux constitutions, adressées à la même date

en appelant la mère à la succession de ses enfants indépendamment de leur nombre, lui conférait donc un droit qu'aucune constitution antérieure ne lui avait encore reconnu.

— Si le *jus liberorum*, appliqué aux droits successoraux de la mère, se maintint jusqu'à Justinien, ce ne fut pas sans éprouver bien des dégradations, présages de sa disparition définitive. Nous allons faire brièvement l'histoire de sa décadence, en étudiant la vocation de la mère à l'hérédité de ses enfants dans la législation du Bas-Empire.

Entre toutes les constitutions recueillies au Code Théodosien, celles qui réglementent ce point sont remarquables par leur bizarrerie et leur complication : au moment où le vieux système successoral est sur le point de s'anéantir, il semble que le législateur ait hésité à lui porter les derniers coups, et se soit arrêté avec une sorte de respect devant cette antique institution. Aussi les réformes en cette matière sont-elles timides, hésitantes; elles paraissent inspirées par un double esprit : d'un côté, les empereurs chrétiens tendent évidemment

au même magistrat, n'en faisaient qu'une seule, que les compilateurs du Code Théodosien ont eu le tort de scinder. — Il y a plus : il semble bien résulter des textes, notamment du titre des règles d'Ulpien *De solidi capacitate* (I, 16), que l'expression *jus liberorum*, employée absolument, s'appliquait proprement à l'obtention de la capacité entre époux : dans les autres cas, on disait *jus trium*, *quatuor liberorum*. Telle est la définition du *jus liberorum* donnée par Isidore de Séville (Orig., L. 5, ch. 24), définition concluante, si l'on songe qu'à cette époque, le Code Théodosien était la source ordinaire du droit romain en Occident, et qu'Isidore avait sans doute en vue la constitution de Théodose. (V. Cujas, *Schol. in Instit. Justin.*, III, 3, § 4; t. VIII, p. 1034; — et Godefroy, comm. des lois 2 et 3, Th., *De jure lib.*)

à enlever au droit de la mère ce caractère de privilége qui date du sénatus-consulte Tertullien ; mais d'autre part, ils paraissent soucieux de ne point porter une trop rude atteinte au droit traditionnel des agnats, et les constitutions qui se succèdent jusqu'à Justinien s'efforcent de trouver une conciliation entre ces droits rivaux : voici les bases diverses sur lesquelles on essaya successivement de transiger.

D'abord, Constantin, par une constitution de l'an 321 (1), fit passer la mère, investie ou non du *jus liberorum*, avant tous les agnats autres que les oncles, leurs enfants et petits-enfants : à ceux-ci, la mère *non liberis honorata* enleva le tiers de la succession ; mais à son tour, elle dut leur céder le tiers dans les cas où, investie du *jus liberorum*, la législation ancienne lui permettait de les exclure pour le tout. La transaction apparaît ici nettement.

Quant aux frères consanguins, dont cette constitution ne s'occupait pas, leurs droits furent réglés par Valens, en 369 (1) : agnats, ils continuent à exclure la mère pour le tout ; émancipés, ils sont primés par elle.

Une nouvelle réglementation est introduite en 426 par Valentinien III (2), et une part plus large est faite à la mère : celle-ci, indépendamment du *jus liberorum*, continue à exclure les agnats autres que les oncles et descendants d'eux ; en concours avec ceux-ci, elle leur enlève dans tous les cas, non plus un tiers, mais les deux tiers de la succession. Quant au frère, il continue, s'il est agnat, à écarter absolument la mère : émancipé,

(1) L. 1, C. Th., *De legit. hered.* ; — L. 2, *De inoffic. testam.*
(2) L. 2, C. Th., *De legit. hered.*
(3) L. 7, C. Th., *eod. tit.*

il prend le tiers au lieu d'être exclu pour le tout comme par le passé. Le droit antérieur est maintenu en ce qui concerne les sœurs consanguines : la mère *liberis honorata* leur enlève la moitié de l'hérédité (1).

On voit à quelle inextricable confusion aboutissent les réformes dont nous présentons l'histoire, par l'absence de vues nettes et de résolutions arrêtées : respect suranné de l'agnation, maintien dans certains cas, abolition dans d'autres du *jus liberorum*, rien d'arrêté, rien d'assis; il est temps qu'un réformateur plus radical vienne « briser cette mosaïque, et déblayer de tous ces débris le terrain du droit naturel » (2).

Justinien se mit à l'œuvre par deux constitutions de l'an 528 : la première, déjà citée (3), rejeta comme une impiété les distinctions du *jus liberorum* : les titres de la mère, disent les Institutes (4), se trouvent dans la nature, dans les dangers et le travail de l'enfantement; ces épreuves sont communes à toutes les mères, toutes, par conséquent, doivent avoir les mêmes droits. Cette constitution a trait au *jus capiendi*; la seconde (5) règle la dévolution de la succession, et déjà, en voyant la hardiesse des innovations qu'elle introduit, on pressent que Justinien ne s'en tiendra pas là. Toute distinction est supprimée entre l'agnation et la cognation ; la mère est préférée à tous les collatéraux autres que frères et sœurs; en concours seulement avec des sœurs, elle leur enlève la moitié de l'hérédité (6). La présence du père

(1) L. 8, C. Th., *eod. tit.*
(2) M. Troplong, *Op. cit.*
(3) L. 2, C., *De jure lib.*
(4) Instit., *De sct. Tertyll.*, III, 3, § 4.
(5) L. 7, C., *Ad sct. Tertyll.* (VI, 56.)
(6) *Ibid*, *princip.*

Rougé.

amène une dévolution différente : dans ce cas, la nue propriété est attribuée exclusivement aux frères et sœurs ; ceux-ci prennent en outre un tiers de l'usufruit ; les deux autres tiers se partagent également entre le père et la mère.

Telles sont les seules hypothèses réglementées à nouveau par Justinien ; les autres cas semblent devoir se régir par le droit antérieur : ainsi, le père en concours avec la mère seule l'exclura pour le tout, s'il a la qualité de *manumissor* (1) ; dans le cas contraire, il partage avec elle par la *bonorum possessio undè cognati* (2) : que si, outre son père et sa mère, le défunt laisse un aïeul émancipateur, le père est exclu, et la mère se trouvant dès lors en face du *manumissor* l'écarte à son tour en invoquant le Tertullien. Telle est du moins l'ancienne théorie, et rien n'autorise à l'abandonner.

— Tout ce qui précède ne s'applique qu'à la succession d'un *de cujus sui juris* : il nous faut ajouter un mot relativement à la dévolution des biens d'un enfant mort en puissance. Jusqu'ici, nous n'avons pas eu à nous en occuper, le fils de famille acquérant tout pour son père, hormis le pécule *castrans*, qui n'était pas susceptible d'une transmission *ab intestat* (3) : mais, au Bas-Empire,

(1) L. 2, C., *Ad sct. Tertyll.*

(2) Cette *bonorum possessio* s'est en effet maintenue jusqu'à la fin : il n'en est pas de même de la *bonorum possessio undè decem personæ*, car l'émancipateur cessa de pouvoir être un *extraneus*, le jour où l'émancipation se fit, non plus par mancipation, mais par rescrit, par déclaration devant le magistrat : dès lors, le *manumissor* fut nécessairement le père ou un ascendant paternel. (Inst., III, 2, *De leg. agnat. succ.*, § 8.)

(3) La transmission testamentaire elle-même ne fut possible qu'à partir d'Adrien.

l'enfant en puissance acquiert pour lui les biens adventices (1), dont la dévolution doit désormais être réglementée (2). Justinien attribue l'usufruit au père, qui antérieurement avait la jouissance *jure potestatis* : quant à la nue-propriété, elle se partage entre la mère et les frères et sœurs de la manière qui a été indiquée : en l'absence de frères ou de sœurs, le silence de la constitution fait supposer que la mère n'avait rien à prétendre (3).

Voilà pour ce qui concerne les droits de la mère dans la succession de ses enfants ; les droits réciproques de ceux-ci nous occuperont beaucoup moins longtemps. Ils sont restés jusqu'à la fin régis par le sénatus-consulte Orphitien ; à peine avons-nous à signaler quelques innovations de détail. Une constitution de Valentinien Théodose et Arcadius (4) déféra la succession d'une grand'mère ou d'une bisaïeule à ses petits-enfants, sous la déduction d'un quart au profit des agnats. Justinien (5) attribua l'hérédité tout entière aux descendants d'un degré quelconque, et telle lui paraît être

(1) Les premiers biens ainsi réservés au fils furent les *lucra nuptialia*, recueillis par lui dans la succession de sa mère, qui les avait acquis à l'occasion de son mariage : ces biens comprenaient la dot, la donation *propter nuptias* dans certains cas, enfin les libéralités du mari. La dévolution en fut réglée en 430 par Valentinien et Valens. (L. 3, C., *De bon quæ lib. in pot.*, VI, 61), puis en 469 par Léon et Anthemius (L. 4, *eod tit.*) : on ne voit point qu'aucune de ces constitutions ait attribué de droits à la mère.

(2) A l'inverse du pécule *castrans*, ces biens ne peuvent faire l'objet d'aucune disposition testamentaire.

(3) L. 7, § 6, *In fine*, *Ad sct. Tertyll.*

(4) L. 4, C. Th., *De leg. hered.* (V, 1.) — L. 9, C. J., *De suis et legit.* (VI, 55.)

(5) L. 12, *eod. tit.*

l'équité de cette réforme, qu'il attribue à sa constitution un effet rétroactif (1).

Mais, si la dévolution des biens reste soumise aux mêmes règles, nous n'en avons pas moins à signaler un changement important dans la condition de l'enfant venant à la succession d'un ascendant paternel ou maternel : à partir d'une constitution de l'empereur Léon (2), de l'an 467, le descendant appelé à la succession de l'ascendant, à un titre quelconque (3), doit rapporter la dot ou la donation *antè nuptias* par lui reçue du défunt ou de la défunte. Il y a là en germe toute une révolution dans la matière du rapport, et la preuve du devoir commun imposé désormais au père et à la mère, en ce qui concerne l'établissement par mariage de leurs enfants.

Signalons enfin le maintien du droit ancien en ce qui concerne l'assimilation absolue, vis-à-vis de la mère, des enfants naturels ou légitimes ; sur ce point la législation romaine resta jusqu'au bout ce qu'elle était à l'origine. Cependant, on peut entrevoir l'idée d'un système nouveau dans une constitution de Justinien, qui jette un jour singulier sur les mœurs du Bas-Empire : lorsqu'une femme *illustris* vient à mourir, laissant à la fois des enfants légitimes et des *spurii*, ceux-ci ne peuvent rien prendre dans l'hérédité maternelle (4). Mais ce n'était là qu'un germe qui ne fut point développé.

— Ici se termine cette aride et minutieuse étude de la

(1) Cf. L. 7, *De legib. et const.* (I, 14.)

(2) L. 17, C., *De collat.* (VI, 20.)

(3) Soit par la *bonorum possessio contrà tabulas*, soit même par la *querela inofficiosi testamenti*.

(4) L. 5, C., *Ad sct. Orphit.* (VI, 57.)

déformation du vieux droit successoral ; au point où nous le voyons arrivé, ce n'est plus qu'un amas d'incohérences, et c'est avec une sorte de soulagement que l'on voit Justinien faire succéder à ce chaos un système simple et rationnel, fondé sur les affections légitimes du défunt, et consacrant les droits si longtemps méconnus de la famille naturelle (1). Plus d'agnation, plus d'exclusion des émancipés, plus de distinction entre les sexes, entre le père et le fils de famille, entre l'ingénu et l'affranchi ; la succession *ab intestat* n'est plus que le testament présumé du défunt. Ainsi, les descendants succèdent en première ligne ; à leur défaut, la succession remonte aux ascendants, paternels ou maternels, peu importe ; les frères et sœurs germains, s'il en existe, viennent en concours avec eux ; les autres collatéraux ne sont appelés qu'en troisième ligne.

Dans ce système, les droits de la mère se déterminent aisément : en concours avec le père, elle prend la moitié de la succession ; peut-être cependant le père conserve-t-il l'usufruit de la totalité des biens qui formaient le pécule adventice (2). Le père mort, elle prend la succession entière, à l'exclusion de tous autres ascendants, et en concours avec les frères et sœurs germains, vivants ou représentés (3). Tous autres collatéraux que

(1) Nov., 118.

(2) V. Lebrun, *Successions*, ch. 5, sect. 1, nº 4.

(3) La novelle 118 n'admettait la représentation qu'à l'encontre des frères et sœurs seuls survivants : la novelle 127 l'étendit au cas où les frères et sœurs étaient en concours avec des ascendants ; mais elle ne dit rien du cas où les frères et sœurs, étant tous prédécédés, leurs enfants se trouvent seuls en présence des ascendants. De là une controverse restée pendante dans notre ancien droit : d'après l'opinion de Cujas, admise par les parlements de

les frères et sœurs germains sont exclus par la mère, sauf une exception unique; la nue propriété des biens provenus au *de cujus* de la succession de son père passe à ses frères et sœurs même non germains, et la mère n'en a que l'usufruit, si elle a convolé en secondes noces; peu importe d'ailleurs qu'elle se soit remariée avant ou après la mort du *de cujus* (1).

Signalons enfin un cas où la mère concourt même avec les enfants du défunt; ce droit lui est attribué par les novelles 53, ch. VI, et 117, ch. III, et rien n'autorise à penser que la novelle 118 le lui ait enlevé : la femme pauvre et sans dot prend dans la succession de son mari, en concours avec les enfants de celui-ci, une part qui ne peut excéder le quart; elle reçoit une part virile s'il y a plus de trois enfants; enfin, elle la recueille en usufruit seulement, si les enfants auxquels elle enlève la succession sont nés d'elle et du *de cujus*.

—Les droits réciproques reconnus par la novelle 118 à la mère et aux enfants sont sanctionnés comme autrefois par la *querela inofficiosi testamenti;* seulement, les règles de cette action ont été gravement modifiées, soit par la novelle, soit antérieurement. Il n'entre pas dans notre objet d'exposer la théorie nouvelle de la *querela* : il suffit d'indiquer que le taux de la légitime est changé; le nouveau mode de computation est d'ailleurs assez bizarre : la légitime n'est plus individuellement due à chaque légitimaire; c'est une fraction de la succession

Toulouse et de Bordeaux, les neveux ne pouvaient concourir avec les ascendants; — le parlement de Paris, dans le ressort duquel se trouvaient quelques pays de droit écrit, admettait l'opinion inverse, qui semble mieux dans l'esprit de la novelle.

(1) Nov. XXII, cap. 46 § 2.

tout entière qui est rendue indisponible, et qui se divise proportionnellement au nombre des ayants droit : cette quotité est du tiers quand il n'y a pas plus de quatre légitimaires ; au-dessus de ce nombre, elle est de la moitié (1). En outre, les justes causes d'exhérédation cessent d'être laissées à l'appréciation du juge, et sont désormais limitativement déterminées ; il y a huit causes légitimes de l'exhérédation d'un ascendant, quatorze de l'exhéréditation d'un descendant (2). Enfin, cette quotité du tiers ou de la moitié ne peut plus être laissée aux ayants droit par une disposition de dernière volonté quelconque ; ils doivent la recueillir à titre d'héritiers (3) : réforme dont on ne comprend guère le but, dit avec raison M. Accarias (4), puisque la qualité d'héritier, loin d'être un avantage pour l'enfant, ne fera que le soumettre aux embarras d'une liquidation souvent compliquée.

C'est à Justinien que doit s'arrêter cette étude de la condition de la mère ; les travaux législatifs de l'empereur byzantin sont le dernier monument du droit romain et c'est le droit romain pur que nous avons voulu exposer. Maintenant, l'empire est démembré, Rome est aux mains des barbares, et de ce bouleversement où disparaissent les derniers débris du monde ancien va surgir une société nouvelle à laquelle l'Eglise donnera ses lois. Au milieu du flot des invasions, Constantinople est seule

(1) Nov. 18, ch. 1.
(2) Nov. 115, ch. 3-4 ; — nov. 22, ch. 47, *pr.*
(3) Nov. 115, ch. 3, *pr.*
(4) Précis de droit romain, *des testaments inofficieux*, V.

épargnée, et doit jusqu'au milieu du moyen âge perpétuer le souvenir de la grandeur romaine. Il serait intéressant d'étudier ce que devint pendant cette période de neuf siècles la législation que Justinien avait donnée à son empire : nulle part ailleurs, en effet, le droit romain, tout en conservant sur les vainqueurs mêmes de Rome l'autorité souveraine de la raison, n'existe plus en tant que législation exclusive et complète; les Visigoths ont les Sentences de Paul, les Burgundes des extraits de Papinien; mais ces fragments précieux, mutilés et défigurés, viennent se perdre dans l'informe compilation des codes barbares.

C'est à Constantinople seulement que l'on peut suivre au-delà du Digeste cette transformation de l'ancien droit civil qui commence aux préteurs, qui se continue suivant une marche régulière sous l'action constamment prudente et progressive des grands jurisconsultes classiques, et à laquelle Justinien prétendit mettre un terme en élevant un monument définitif. On pense ce qu'il advint de cette prétention ; le christianisme, tout en pénétrant profondément le droit depuis Constantin, était loin d'avoir encore atteint les limites de sa légitime influence; si l'on peut ainsi parler, il avait dû jeter ses réformes dans le moule étroit de l'ancienne législation, au lieu de former de ses mains une loi nouvelle pétrie et façonnée à son image. Aussi son action continua-t-elle sans relâche à s'exercer sur le droit soi-disant fixé par les Pandectes et les Novelles, et au milieu des hérésies incessantes qui s'attaquent à son dogme, sa morale conserve toute sa pureté et toute sa puissance de propagation.

Pour revenir à l'objet spécial de cette étude, la *patria*

potestas sur les enfants mineurs devient une sorte de tutelle; elle est supprimée sur les majeurs, les droits et les obligations du père et de la mère sont assimilés. Tel est le système établi par l'Ecloga des empereurs Léon l'Isaurien et Constantin Copronyme (1): ainsi, tant que l'un des deux parents est en vie, il ne peut être question de tutelle; le survivant, quel qu'il soit, peut nommer à ses enfants un tuteur testamentaire: ceux-ci enfin, qu'ils soient ou non en puissance, ne peuvent se marier sans le consentement de leurs parents. En un mot, la mère exerce le même pouvoir que le père (οἱ τούτους ἔχοντες ὑπεξουσίους); et l'on rencontre enfin dans l'Ecloga le nom nouveau de puissance maternelle, μητρικὴ ἐξουσία.

Il semble dès lors que de l'ancienne *patria potestas*, le souvenir seul puisse encore survivre: cependant, si arbitraire qu'elle fût, telle était la force et la vitalité de cette institution de la Rome païenne, qu'après six siècles de christianisme, elle reparaît encore dans les lois. Après l'abrogation de l'Ecloga par Basile le Macédonien, en haine des princes iconoclastes dont ce recueil était l'ouvrage, le droit de Justinien se trouva restauré par la publication des Basiliques (2); et il est remarquable de voir que cet *Epurement des lois anciennes* (3) rejette cette conception du pouvoir domestique, si simple et si conforme à la nature, qui avait enfin trouvé sa formule dans le droit du Bas-Empire.

Mais ce retour au passé dura peu; une novelle de

(1) Code divisé en dix-huit titres, et publié vers 740. — V. *Histoire du droit privé gréco-romain*, par C. E. Zachariæ, traduction de M. Lauth; — tit. II, §§ 18 et suiv.

(2) Par Léon le Philosophe, de 906 à 911.

(3) *Repurgatio veterum legum*; c'est le titre primitif des Basiliques.

Léon lui-même se relia au système pratique de l'Ecloga : bientôt, la coutume usurpant la place du droit positif oublié ou incompris (1), l'action un instant arrêtée du christianisme reprit pour ne plus s'interrompre; et l'idée d'un pouvoir tutélaire, commun aux deux auteurs, se retrouve seul aujourd'hui dans les lois de Valachie et de Moldavie, comme dans les usages locaux de la Grèce moderne.

(1) Zach., *op. cit.*

DROIT FRANÇAIS

DE LA PARTICIPATION DE LA MÈRE

A LA

PUISSANCE PATERNELLE

INTRODUCTION.

Entre tant de problèmes législatifs que les rédacteurs du Code civil avaient à résoudre, l'un des plus difficiles était assurément l'organisation nouvelle du pouvoir domestique, et surtout la détermination de la part qu'il convenait de faire à la mère dans l'exercice de ce pouvoir. Peu de questions, en elles-mêmes, sont aussi délicates : aucune n'est plus importante par les conséquences attachées à sa solution ; dans tous les pays et dans tous les temps, la constitution de l'État a été intimement liée à celle de la famille ; et à une époque où de nouvelles idées, de nouvelles institutions, cherchaient leur formule et leur base, où l'on voulait faire du foyer l'école du citoyen, le législateur chargé d'asseoir l'ordre de choses sorti du bouleversement de 1789, dut attacher à cette partie de sa tâche une importance particulière.

D'ailleurs, il ne trouvait point ici le secours qui le plus souvent a facilité son œuvre, et il se voyait abandonné de ses guides habituels : sur bien des points, les rédacteurs du Code n'ont eu qu'à formuler et à distribuer en une nouvelle série d'articles une théorie qu'ils avaient trouvée toute faite dans les coutumes ou dans les ouvrages des jurisconsultes venus avant eux ; c'est ainsi que le titre des obligations est presque tout entier emprunté à Pothier, et que le titre du contrat de mariage, en ce qui concerne le régime de communauté, est la reproduction à peu près identique de la coutume de Paris (1).

Quant à l'antagonisme du droit écrit et du droit coutumier, qui devait constituer le principal obstacle à l'établissement en France d'une législation unique, sur bien des points la difficulté se trouva vaincue d'avance : ainsi, l'unité s'était faite, dès avant le Code civil, dans la matière des contrats, la théorie romaine s'étant établie partout *rationis imperio*; et de même, la législation sur le mariage, sous la puissante influence du droit canonique, avait soumis aux mêmes règles toutes les provices du royaume. Sur ces deux points, la loi nouvelle établie en 1804 reçut donc sans peine le même caractère de généralité : sur d'autres, on procéda par une sorte de transaction ; il en fut ainsi pour le contrat de mariage : le régime en communauté ayant été déclaré de droit commun, l'admission au Code du régime dotal ne fut point refusée aux réclamations des pays de droit écrit.

Mais, dans l'organisation nouvelle du pouvoir paternel, aucun procédé de ce genre n'était possible, et il

(1) Au moins dans les dispositions qui en ont été conservées.

fallait renoncer à donner satisfaction à tous. Ici plus que partout ailleurs, le dualisme des législations écrite et coutumière était marqué, et leur opposition frappante : deux systèmes étaient en présence, entre lesquels il fallait faire un choix.

On a vu, dans la première partie de ce travail, quels étaient à Rome le fondement et la nature de la puissance paternelle : on a vu cette institution arbitraire, odieuse même par un certain côté, dépouillant peu à peu sa rudesse sans rien perdre de son caractère primitif, se perpétuer avec ses traits principaux jusqu'à la dernière époque du droit romain, et reparaître même après plusieurs siècles dans la législation du Bas-Empire. Tel fut le droit qu'empruntèrent à Rome les peuples vaincus, et notamment la Gaule : la puissance paternelle s'acclimata dans ce pays par quatre siècles de domination (1); après l'invasion des Barbares, elle survécut à la conquête, elle fut la loi des vaincus, et bientôt même, par la confusion insensible des races, elle se généralisa. Pendant une suite de douze siècles, au milieu de toutes les révolutions politiques et sociales, elle se maintint, à peine modifiée par quelques usages locaux, et au XVIIIe siècle, la constitution du pouvoir domestique dans les pays de droit écrit reproduit presque trait pour trait les institutions du droit de Justinien. C'est ainsi que la puissance est attribuée au père seul : quel que soit l'âge de l'enfant, elle se perpétue jusqu'à la mort de celui qui l'exerce, ou jusqu'à l'émancipation

(1) Avec d'autant moins de peine que la Gaule ancienne, au dire de César (VIe Commentaire), reconnaissait au père sur ses enfants un pouvoir qui allait jusqu'au droit de vie et de mort.

expresse ou tacite (1) de celui qui y est soumis; — marié et non émancipé (2), le fils de famille n'a point sur ses enfants le pouvoir que son père exerce sur lui-même; — enfin, en ce qui concerne les biens, tout ce qui advient aux enfants est acquis à leur père, du moins en usufruit (3).

A côté des pays de droit écrit, les pays coutumiers présentent le plus singulier contraste; tandis que, dans les uns, nous voyons l'organisation puissante, perpétuée à travers les âges, d'un pouvoir en dehors du droit naturel, dans les autres, c'est ce droit naturel qui règne sans partage, et presque sans réglementation. Les familles s'étaient constituées et se gouvernaient elles-mêmes; le pouvoir des père et mère, établi par la force des choses, s'exerçait dans la limite des besoins; la loi n'intervenait entre les parents et les enfants que comme règle d'équité, et d'une manière presque officieuse (4). — Tel étant le caractère des dispositions des

(1) Cette dernière résultait du mariage de l'enfant, de sa nomination à certaines fonctions publiques (le consentement du père était nécessaire dans les deux cas), enfin de la séparation de feu et lieu, pendant dix ans dans certaines provinces, pendant l'an et jour dans d'autres (V. Loysel, *Instit. coutum.* Règle 38).

(2) En droit commun, le mariage entraîne l'émancipation, comme il est dit à la note précédente; néanmoins, il y avait des exceptions. Notamment la coutume de Poitou, art. 313, s'en expliquait formellement pour le mariage des nobles. Dumoulin avait soutenu la même opinion sur l'art. 1 de la coutume de Blois, et l'art. 116 de la coutume de Bourbonnais; mais son avis n'avait point prévalu.

(3) Dénizart, IV, v° *Puissance paternelle;* — Loysel, *Instit. Cout.*, R. 337. — Merlin, *Rép. de jur.*, t. X, v° *Puissance pat.*, sect. 1, n° 4.

(4) Telle est du moins l'explication donnée par Dalloz de la diversité des coutumes sur la matière de l'autorité paternelle : et nous

coutumes relatives au pouvoir dans la famille, on comprend quelle en devait être, dans le détail, l'infinie diversité; néanmoins, il est facile de dégager les traits généraux et de constituer dans son ensemble la théorie coutumière de la puissance paternelle : une rapide comparaison avec la théorie romaine en met immédiatement le caractère en relief. Emanation directe du droit naturel, l'autorité des parents n'est que la conséquence et le moyen d'accomplissement de leur devoir d'éducation : par suite, elle appartient à la mère au même titre qu'au père (1); corrélative et subordonnée aux besoins de l'enfant, elle cesse avec la faiblesse de celui-ci, et prend fin par sa majorité (2), par son mariage, par son émancipation (3) : — quant aux biens, ceux qui adviennent à l'enfant lui appartiennent en propriété et en usufruit, sauf le droit commun de la garde noble et le droit exceptionnel de la garde bourgeoise (4) : en un mot, le pouvoir des parents sur leurs enfants ressemble à celui des tuteurs sur leurs pupilles (5); de la puissance romaine, le nom même se retrouve à peine : suivant l'expression pittoresque d'un de nos vieux auteurs, « la puissance paternelle n'est que superficiaire en France, et par nos coutumes en ont été seu-

pensons avec lui que là se trouve l'unité de la législation coutumière, accusée mal à propos d'incohérence et de confusion.

(1) Toutefois, l'exercice ne lui en appartient qu'à défaut de celui-ci. Ce point sera développé avec détail.

(2) A l'âge de 25 ans.

(3) Pothier, *Traité des personnes*, I, 6, 2.

(4) Bourjon, *Droit commun de la France*, liv. 1, t. V, ch. 1, sect. 1; — Poth., *C. d'Orl.*, tit. IX, art. 178.

(5) Nouveau Denizart, tit. VI, v° *Puissance paternelle*, n° 1; — Poth., *C. d'Or.*, Introd. au t. IX, n° 1.

lement retenues quelques petites marques avec peu d'effet »(1); et Loysel a pu sans exagération dire en termes absolus : « Droit de puissance paternelle n'a lieu » (2).

Relativement à l'objet spécial de notre étude, nous n'avons pas besoin d'insister sur la condition différente que faisaient à la mère le droit écrit et les coutumes : partout où domine la loi romaine, la puissance paternelle est un droit du père, dont la mère est exclue ; — les coutumes, au contraire, reconnaissent à celle-ci sa part légitime d'autorité; si l'exercice en est concentré entre les mains du mari, Pothier nous en donne la raison avec sa netteté ordinaire : « Notre puissance paternelle, dit-il, est commune au père et à la mère; néanmoins, la mère étant elle-même, pendant le mariage, sous la puissance de son mari, elle ne peut l'exercer que subordinément à son mari et dépendamment de lui (3). » Mais l'autorité échappée aux mains du père, mort ou incapable de l'exercer, passe tout entière à la mère (4) : avec le devoir d'éducation, les moyens de le remplir lui sont dévolus, de là ses droits sur la personne de ses enfants : quant aux droits sur les biens, la garde noble ou bourgeoise appartient à la femme survivante au même titre qu'au mari.

— Telles sont, dans leurs traits généraux, les deux législations opposées qui, à la fin du siècle dernier, se partageaient le territoire du royaume. Le droit coutu-

(1) Guy Coquille, *Instit. du droit français*, de l'état des personnes.

(2) Règle 37.

(3) *Cout. d'Or.*, introd. au titre IX, *De la Puissance paternelle*, § 1, n° 3.

(4) Au moins en principe : dans ce rapide exposé de notre ancienne législation, les détails sont forcément négligés.

mier dominait dans les provinces du Nord, celles du Midi restaient soumises au droit romain : mais telle est la force d'un système précis et fortement organisé en face d'une législation indécise et flottante, que la puissance paternelle romaine s'était implantée dans plusieurs pays de coutumes (1) ; la doctrine et la jurisprudence étaient incertaines dans deux des parlements les plus importants, ceux d'Auvergne et de Bourgogne, et d'éminents jurisconsultes, en tête desquels il faut citer le président Bouhier, s'efforçaient d'y faire prévaloir le droit romain, le considérant comme le droit commun de la France (2).

(1) Dumoulin sur la cout. de Paris, § 25, n° 13. — Bretonnier, *Quest. de droit*, II, v° *Puiss. pat.*; — Lancière, *Cout. de Paris*, tit. XV, art. 316; — Bouteiller, *Somme rurale*, I, t. C. — Loysel cite comme admettant la puissance paternelle les coutumes de Vitry, art. 100, — de Reims, art. 5 et 7, — de Montargis, ch. 6, art. 2, — de Bourbonnais, art. 168, — de Poitou, art. 316, — de Châlons, art. 7, — de Sedan, art. 5, — de Chartres, art. 103, — de Chateauneuf, art. 133; — de Berry, art. 3, — de Bretagne, art. 498. (règ. 37). — Merlin (*Rép.*, v° *puiss. pat.*, s. 1, n° 18) donne une énumération beaucoup plus étendue, dans laquelle figurent notamment les coutumes de Troyes, Bordeaux, Saintonge, Angoumois, Cambray, Lille, Douai, Gand, Hainaut, Mons, Valenciennes, Douai, etc. Plusieurs coutumes du Nord, notamment celles de Mons, Valenciennes, Liége et Hainaut, présentaient diverses particularités : — Ainsi, la puissance paternelle n'y était reconnue qu'aux roturiers et aux nouveaux anoblis : — Autre bizarrerie bien plus frappante, et qui montre à quel point s'était perdu l'esprit de la puissance paternelle romaine, dont l'institution s'était cependant conservée : la puissance paternelle, avec la plupart des effets qu'elle produisait à Rome, était commune au père et à la mère; celle-ci en était investie au moment où elle devenait veuve; enfin, ce qu'il y a de plus remarquable, c'est que la mère remariée transmettait à son nouvel époux la puissance qu'elle avait sur ses enfants.

(2) Telle était d'ailleurs l'opinion la plus commune, confirmée par un arrêt du parlement de Dijon du 23 janvier 1617.

Un tel état de choses appelait évidemment une réforme; mais ici, plus que partout ailleurs, elle devait être prudente et ménagée, en raison de l'antiquité des traditions, et de la gravité des intérêts engagés. La révolution survenant se mit au-dessus de tels scrupules; elle usa de ses procédés ordinaires de simplification, et arriva d'un seul coup à l'unité par la suppression à peu près complète de la puissance paternelle, considérée sans doute comme une dernière forme du despotisme. La limitation de l'autorité du père à la minorité de l'enfant, étendue à toute la France par le décret du 28 août 1792 (1), n'avait rien que de légitime; mais déjà le décret du 17 août 1790 avait presque réduit cette autorité à néant, en ne lui laissant qu'une sanction dérisoire : les idées allaient vite en ce temps-là, et les réformes ne restaient pas en arrière.

Au sortir du bouleversement où avaient disparu les lois et les institutions du passé, quand la société, déracinée de ses bases anciennes, chercha à se rasseoir et à se reconstituer, le pouvoir domestique fut le premier que l'on dut songer à restaurer, et c'est dans ce but que les rédacteurs du Code se hâtèrent d'écrire, au début du titre *de la Puissance paternelle*, cette règle de morale : « L'enfant, à tout âge, doit honneur et respect à ses père et mère »; précepte inutile et dépourvu de sanction, disent les commentateurs, mais que le législateur jugea pourtant nécessaire de faire passer dans la loi positive pour donner un fondement aux dispositions qui allaient

(1) Auquel doit être joint un autre décret du 31 janvier 1793; — Il n'est pas sans intérêt d'observer que le décret du 28 août 1792 fut rendu à l'occasion d'une proposition qui demandait l'abolition absolue de la puissance paternelle (V. Duvergier, année 1792).

suivre, « tant la tourmente révolutionnaire avait bouleversé de têtes, tant elle avait menacé d'une subversion totale toute idée de subordination et de déférence filiale » (1).

Mais sur quelles bases l'autorité dans la famille allait-elle être rétablie? Le législateur avait à choisir entre le système romain et la pratique coutumière : le premier n'avait évidemment aucune chance d'être admis; il présentait un caractère trop aristocratique, et attentait trop ouvertement à la liberté des individus : « Rien, dit M. Berlier, ne ressemble et ne doit ressembler moins à l'ancienne puissance paternelle que l'autorité des père et mère qu'il s'agit de régler » (2). Quant aux coutumes, les rédacteurs du Code civil semblent n'en avoir vu que les apparentes incohérences, l'esprit leur en a échappé (3); à leurs yeux, le droit coutumier est un droit barbare, n'ayant de valeur qu'en proportion des emprunts par lui faits à la législation des pays de droit écrit, et de la résistance qu'il a opposée « à l'invasion désastreuse du régime féodal » (4). On faisait donc table rase, avec

(1) Discours du tribun Albisson au Corps législatif, séance du 3 germinal, an XI.

(2) Séance du 26 frimaire an X (17 déc. 1801); — Fenet, t. X. — D'ailleurs certains des rédacteurs du Code paraissent avoir tenu le droit romain en assez mince estime : c'est, disent-ils, une législation rude et sauvage, bonne pour tenir sous le joug un ramassis d'esclaves fugitifs et de brigands; c'est ainsi qu'ils traitent les premiers Romains : les plus modérés se bornent à les qualifier de *farouches fils de Romulus.*

(3) Au point que M. Albisson les accuse d'avoir refusé au père toute autorité, au mépris des droits de la nature; c'est ainsi qu'il traduit la règle de Loysel : *Puissance paternelle n'a lieu.*

(4) Voici comment le même tribun Albisson juge les coutumes, dans une phrase où la fausseté de l'idée n'a d'égale que le mauvais

la prétention d'édifier un système nouveau (1). Cependant, quelques-uns de ceux qui concouraient à l'élaboration du Code voyaient les choses d'un plus juste regard, et le tribun Vésin, dans son rapport au Tribunat au nom de la section de législation (2), formulait heureusement le problème à résoudre : « Il est impossible, disait-il, de ne pas entrer dans une espèce de composition entre les divers usages de l'ancien droit civil de la France, en tempérant d'un côté ce que le droit romain pouvait avoir de trop rigoureux, et de l'autre, en fortifiant le ressort de la puissance paternelle dans les pays coutumiers. » Le tout était de déterminer les proportions de cette composition.

M. Malleville, épris du droit romain, et le premier consul, auquel toute conception d'un pouvoir fort devait naturellement plaire, insistaient pour une constitution vigoureuse de la puissance paternelle, nécessaire surtout dans un État libre. Mais la plupart de leurs colla-

goût de l'expression : « Dans les pays appelés coutumiers, presque autant de divagation et de contrariété que de coutumes différentes, sur un point aussi important que celui de l'autorité des parents sur leurs enfants; et, comment aurait-on obtenu à cet égard quelque chose de cohérent et de raisonné, du bouleversement que firent dans les droits des individus et dans la consistance des familles, ces siècles de barbarie où la violence féodale, imposant silence aux lois et à la raison, et méconnaissant tout autre droit que celui du plus fort, asservit les corps et les esprits sous le despotisme avilissant du caprice et des volontés arbitraires du moindre châtelain qui pouvait compter quelques centaines d'hommes sur son territoire usurpé, et les ranger sous sa bannière? *Quelles lumières attendre des débris d'un pareil désordre?* »

(1) Ainsi, relativement à la mère, M. Réal déclare que le projet répare l'injustice de plusieurs siècles, et fait, pour la première fois, entrer la mère dans la famille.

(2) Séance du 1er germinal an XI.

borateurs ne voulaient donner au père qu'un simple pouvoir de protection, et rejetaient le nom même de *puissance paternelle*, le trouvant *trop fastueux*, comme M. Boulay, et déclarant avec M. Berlier qu'il fallait de nouveaux mots pour exprimer des idées nouvelles (1). Tronchet, bien qu'avec plus de mesure, adoptait la même théorie. — C'est ce dernier système qui prévalut dans le projet définitif, et M. Réal, dans l'exposé des motifs (2), put donner la définition suivante de la puissance paternelle :

« C'est un droit fondé sur la nature et confirmé par la loi, qui donne au père et à la mère, pendant un temps limité et sous certaines conditions, la surveillance de la personne, l'administration et la jouissance des biens de leurs enfants. »

On le voit : c'est en définitive la théorie coutumière, précisée et affermie, qui est consacrée par la loi nouvelle (3), et nous trouvons, dans la définition même de ce pouvoir constitué à nouveau, la déclaration formelle que la mère y doit participer. L'objet que nous nous proposons dans ce travail, c'est de déterminer avec détail quelle est cette part qui lui est attribuée dans l'exercice de l'autorité. Nous l'avons dit à notre première page, et nous le répétons ici : ce n'est pas en législation, mais en droit pur que nous voulons examiner la question ; sans penser à réformer la loi, nous y trouverons

(1) Séance du 26 frimaire an X.
(2) Séance du 23 ventose an XI.
(3) Nous n'agiterons pas ici la question spéciale de savoir si l'usufruit légal a une origine coutumière ou romaine ; — Suivant nous, cette dernière opinion est la mieux fondée.

assez de difficultés et de lacunes pour donner à notre étude une ample matière.

Avant d'entrer dans le vif de notre sujet, il nous faut le préciser un peu plus. La puissance paternelle, dans le sens le plus étendu de l'expression, comprend l'ensemble des droits qui appartiennent au père et à la mère sur la personne et les biens de leurs enfants; dans une acception plus restreinte, elle comprend seulement les droits et les pouvoirs qui s'éteignent par la majorité ou l'émancipation des enfants (1). C'est la puissance paternelle ainsi entendue que nous nous proposons d'étudier : elle appartient simultanément au père et à la mère, et le plus souvent les deux parents l'exercent ensemble, leur commune tendresse, leurs vues communes sur l'avenir de leurs enfants ne permettant pas de déterminer la part de chacun. Mais cette harmonie peut se trouver troublée, un conflit peut s'élever; il faut bien alors que le législateur intervienne pour y mettre un terme. La nature et la loi donnent au père la prééminence; mais quels droits vont appartenir à la mère contre l'abus possible de ce pouvoir? première et importante question que nous aurons tout d'abord à résoudre. — C'est dans le cas seulement où le père est vivant qu'il y a, à proprement parler, participation à la puissance paternelle : le père mort, l'autorité est dévolue sans partage à la veuve; mais celle-ci va-t-elle l'exercer avec

(1) Aubry et Rau sur Zach., t. III, p. 602. — Cependant, la puissance paternelle entendue dans le sens restreint comprend certainement le droit pour les parents d'être consultés quand il s'agit du mariage ou de l'émancipation de leurs enfants, et ce droit ne cesse pour eux qu'avec leur vie.

la même plénitude, et ne retrouverons-nous pas dans la loi moderne quelque chose de la défiance romaine à l'égard de la *sexus fragilitas*? — Enfin, le père étant, de fait ou de droit, hors d'état d'user de son pouvoir, cette incapacité ou cette déchéance va-t-elle être assimilée à son décès? et en dernier lieu, comment doit se régler le cas de la séparation de corps?

Trois situations sont donc à distinguer :

1° Le père et la mère sont tous deux vivants, non séparés de corps, sains d'esprit et capables;

2° Le père est décédé, la mère reste seule;

3° Le père, vivant, est absent, interdit, déchu ou séparé de corps.

Trois chapitres formeront ainsi la première partie, consacrée à la famille légitime; dans la seconde partie, nous essaierons de déterminer quel est le pouvoir de la mère sur ses enfants naturels; c'est ici principalement que nous devrons suppléer au silence de la loi en recherchant son esprit.

PREMIÈRE PARTIE

De la puissance maternelle sur les enfants légitimes.

CHAPITRE PREMIER.

« Les époux contractent ensemble, par le fait seul du mariage, l'obligation de nourrir, entretenir et élever leurs enfants. » (Art. 203, C. civ.)

C'est en ces termes que la loi impose simultanément au père et à la mère le devoir de donner aux enfants nés de leur union l'éducation physique, intellectuelle et morale : puisque le devoir est commun, les moyens de l'accomplir doivent l'être de même ; de là les articles 371 et 372, unis à l'article 203 par une étroite corrélation :

Art. 371 : « L'enfant, à tout âge, doit honneur et respect à ses père et mère. »

Art. 372 : « Il reste sous leur autorité jusqu'à sa majorité ou son émancipation. »

Quelle est la nature, quels sont les éléments de cette autorité, c'est ce qui est développé dans la suite du titre consacré à la puissance paternelle. Celle-ci, telle qu'elle est organisée par nos lois, n'est pas une et indivisible ; elle se constitue de plusieurs attributs distincts, susceptibles de s'exercer et de se perdre indépendamment les uns des autres, et relatifs les uns à la personne, les autres aux biens de l'enfants. Sur la personne de l'enfant, les parents ont le droit de garde et celui de correction (1) : sur ses biens, le droit d'administration et celui de jouissance légale. Etant donné le rapport que nous avons établi entre le devoir et le pouvoir des parents, il est évident que l'autorité paternelle comprend essentiellement les droits sur la personne des enfants : et ce sont avant tout ces droits qui sont déclarés par la loi communs au père et à la mère.

Tel est le principe, mais il se modifie considérablement dans l'application. L'autorité attribuée aux deux parents ensemble est, quant à son exercice, concentrée tout entière entre les mains du père : l'article 373 est à cet égard aussi formel que possible : « Le père seul exerce cette autorité durant le mariage. » Que devient dès lors le droit que nous avons, avec la loi, reconnu à la mère? ne lui est-il conféré que pour l'honneur des principes, et l'article 372, durant la vie du père, n'est-il, comme l'article371, qu'un précepte de morale dépourvu de sanction?

Nullement : et d'abord, il nous faut ici, comme pour la condition de la mère romaine, distinguer soigneusement le fait et le droit. Dans la réalité des choses, l'enfant, pendant ses premières années, appartient à peu près exclusivement à la mère : en Prusse, celle-ci a le droit légal d'élever seule son fils ou sa fille jusqu'à l'âge de quatre ans (2); mais il n'y a que faire d'un texte de

(1) Nous ne parlons ici que des attributs de la puissance paternelle cités au titre qui lui est consacré : mais on trouve épars dans le code bien d'autres droits qui se rattachent à la puissance paternelle, et que nous aurons à passer en revue.

(2) M. de Saint-Joseph, *Codes étrangers*.

loi sur ce point, la nature y supplée assez : entre l'enfant et celle qui lui a donné le jour, elle établit des rapports qu'aucun législateur n'a jamais songé à rompre, et c'est seulement après la première enfance que le pouvoir du père peut commencer à s'exercer. Même alors l'influence de la femme et de la mère ne cesse point ; il n'y a pas abdication de sa part, mais bien une association intime des deux époux dans l'exercice de l'autorité ; tel est le vœu de la nature, tel est celui de la loi, qui n'édicte une règle contraire qu'à défaut de cette heureuse harmonie (1).

En droit même, l'attribution exclusive au père de la puissance paternelle n'est relative qu'aux droits de garde, de correction, d'administration et d'usufruit ; mais cette puissance comprend d'autres attributs, épars dans le code, et relativement auxquels la loi, par une disposition formelle, reconnaît à la femme une situation égale à celle du mari ; tel est pour la mère le droit de consentir à l'adoption et d'être consultée pour le mariage de ses enfants (2) ; ce sont là des pouvoirs qui lui appartiennent en propre, et qui ne sont jamais paralysés entre ses mains.

Mais elle n'est ainsi appelée à l'exercice de la puissance paternelle concurremment avec le père, que dans ces occasions graves où il s'agit pour l'enfant, mineur ou arrivé à sa majorité, de prendre un parti dont les conséquences doivent influer sur sa destinée tout en-

(1) V. M. Oudot, *Du droit de famille*, liv. III, t. I.

(2) Nous ne parlons ici que des cas où le conseil seul des parents est requis par la loi ; l'égalité n'existe plus si leur consentement est nécessaire. D'ailleurs, nous allons revenir sur ce point avec détail.

tière. La loi a jugé qu'en de telles occurrences, la tendresse clairvoyante de la mère devait être consultée : quant à l'éducation proprement dite, nous avons déjà observé combien l'influence maternelle était puissante, ayant son principe en dehors et au-dessus de la loi positive; mais celle-ci ne pouvait poser en règle que la direction de l'enfant n'appartiendrait qu'au père et à la mère réunis et agissant de concert. En effet, les conséquences d'un tel système sont faciles à prévoir : supposez, comme il arrive trop souvent, la mésintelligence et l'esprit de contradiction succédant au sein du ménage à l'union des premiers jours, et chacun des époux opposant son *veto* aux intentions de l'autre; à quel résultat est-on conduit par cette force d'inertie? ou bien à la négation de toute direction, c'est-à-dire à un déni de justice pour l'enfant, qui a droit et besoin de recevoir une impulsion active : ou bien à la guerre civile perpétuée au foyer de famille par l'opiniâtreté de chacun des conjoints : ou bien à la désignation par le tribunal de celui des époux auquel appartiendra la suprématie (1).

La loi a tranché d'avance toutes les difficultés et prévenu tous les conflits en donnant d'une manière générale la prépondérance au mari; rien de plus logique d'ailleurs que cette attribution de l'autorité paternelle à celui qui avait déjà l'autorité maritale (2). Ainsi, pendant le mariage, le père a seul la garde de l'enfant; « détermination de l'hygiène à suivre, des études lit-

(1) M. Oudot, *Du droit de famille.*

(2) Comparez Pothier : « La mère étant elle-même sous la puissance de son mari, sans lequel elle ne peut rien faire, elle n'en peut exercer aucune sur ses enfants, si ce n'est du consentement, et sous le bon de plaisir son mari. »

téraires, artistiques, scientifiques, professionnelles, philosophiques, religieuses; proportion des travaux et des récréations, tout tombe sous le domaine de cette puissance» (1); seul, il ordonne ou requiert l'incarcération de l'enfant, quand la discipline domestique lui paraît impuissante à faire plier une nature rebelle; seul, il a l'administration de ses biens et la jouissance de ses revenus; aucune part n'est attribuée à la mère ni dans l'exercice, ni dans l'émolument du pouvoir paternel.

— Telle est la théorie du Code, et il n'est point d'auteur qui la conteste au fond : cependant certains interprètes, le principe admis, ont reculé devant ses conséquences extrêmes et refusé d'anéantir le droit maternel devant la prépondérance absolue du père, quand il s'agit de l'éducation religieuse de l'enfant : c'est là malheureusement, dans les familles de nos jours, un des éléments de discorde les plus fréquents et les plus tristes; quoi qu'on en ait dit, l'indifférence en matière de religion est rare, et il n'y a guère de milieu entre la foi et une incrédulité hostile. Or, entre une mère chrétienne et un père athée, quelle sera la situation de l'enfant? MM. Rodière et Pont (2) soutiennent que la direction de son éducation morale et religieuse appartient, non pas au père seul, mais au père et à la mère simultanément; l'obligation d'éducation étant imposée aux deux ensemble (art. 203), le droit corrélatif doit également être commun ; en cas de dissentiment, c'est aux tribunaux à décider au mieux de tous les intérêts

(1) M. Oudot, *op. cit.*
(2) T. I, nos 55-57.

engagés. — On ne peut méconnaître la portée morale de cette opinion ; mais nul doute que, juridiquement, elle ne soit inadmissible : la loi ne fait aucune distinction en remettant aux mains du père l'autorité tout entière, et si les tribunaux, comme nous le verrons bientôt, ont un pouvoir d'intervention, il ne suffit nullement d'une divergence d'appréciation entre les époux pour provoquer leur action modératrice.

Au contraire, le droit de choisir le culte dans lequel sera élevé l'enfant doit être reconnu au père dans toute sa plénitude. Qu'il puisse donner à son fils la religion professée par lui-même, personne ne songe à en douter ; mais il faut aller plus loin : les deux époux avaient le même culte au jour du mariage, des enfants sont nés, ils sont élevés dans la religion commune de leurs parents, puis le père abjure ; s'il veut aller jusqu'au bout de son droit, il pourra entraîner ses enfants dans sa foi nouvelle (1). MM. Pont et Rodière essayent vainement de reconnaître comme acquis à la mère un droit rival : elle n'en peut avoir aucun à l'encontre du père exerçant légitimement sa souveraineté ; en vain elle invoquerait une convention tacite, corroborée par la direction primitive donnée à l'éducation religieuse des enfants : un engagement tacite ne saurait avoir plus de

(1) V. jugement du tribunal d'Orléans, aff. Gotschy, janvier 1856. Les tribunaux anglais reconnaissent également en cette matière la souveraineté de la puissance paternelle : ainsi le droit pour la mère de faire élever ses enfants protestants dans la religion catholique a été solennellement consacré par la cour du Banc de la Reine (21 janv. 1857, aff. Race) : décision assurément remarquable dans un pays où les préjugés contre le catholicisme sont encore si profondément enracinés.

force qu'un engagement formel; et celui-ci, dans l'espèce, serait absolument impuissant.

En effet, la constitution du pouvoir domestique intéressant au premier chef l'ordre public, la puissance paternelle, considérée dans son ensemble ou dans ses divers éléments, est inaliénable, et se soustrait absolument à la convention des parties : ainsi serait frappé d'une nullité radicale et absolue tout traité par lequel le père consentirait au profit de la mère ou d'un tiers (1) une cession quelconque de son autorité. L'article 6, dans sa disposition générale, suffit à imposer cette solution ; mais telle est l'importance attachée par le Code à la concentration du pouvoir entre les mains du mari, qu'une nouvelle prohibition, celle-ci expresse et spéciale, est prononcée par l'article 1388, relativement au contrat de mariage. Les époux ne peuvent en rien déroger à l'organisation de la puissance paternelle, telle qu'elle résulte des textes du Code : disposition doublement inutile, puisque le principe était écrit à l'article 6, et que la convention matrimoniale, ayant uniquement pour but le règlement d'intérêts pécuniaires, se refuse de toute évidence à l'insertion d'une clause de cette nature (2); mais cette insistance même met en relief la volonté arrêtée du législateur.

Cependant ici encore, MM. Rodière et Pont l'ont méconnue (3) ; dans le Midi, des mariages sont fréquemment

(1) Les traités de ce genre sont au contraire autorisés par la loi anglaise; le père, sa vie durant, peut déléguer au précepteur ou gouverneur de son fils une partie de son autorité.

(2) Marcadé, t. III, sur l'art. 1389, IV.

(3) *Loco cit.*

conclus entre personnes appartenant à des cultes dissidents, et dans ce cas, il est assez d'usage qu'une clause insérée au contrat statue sur l'éducation religieuse à donner aux enfants. Qu'une telle convention oblige le mari dans le for intérieur, cela est hors de conteste: mais en droit, la nullité en est évidente et radicale; la mère après le décès du père, le père du vivant de la mère ne sont en aucune façon tenus de les observer; s'ils le font, c'est de leur part indifférence religieuse ou scrupule de loyauté. D'ailleurs, à quel résultat pratique est-on conduit dans l'opinion inverse? Quel moyen d'imposer au père le respect de l'engagement pris? on n'y réussirait qu'en lui enlevant absolument la garde et la direction de l'enfant, et l'abandon d'un seul des attributs de la puissance paternelle en entraînerait la ruine absolue: l'inutilité de la stipulation est démontrée par l'impossibilité d'un tel résultat (1).

Faut-il admettre cependant que la violation d'une clause de ce genre n'entraîne aucune conséquence? Nous ne le pensons pas: sans doute, aucune sanction directe d'une convention nulle n'est possible; mais il n'en est pas moins vrai qu'il y a là vis-à-vis de la femme un tort de conduite grave, et que celle-ci ne saurait être impunément blessée dans ses sentiments les plus vifs et les plus profonds. Nous ne pouvons mieux faire ici que d'emprunter les expressions si précises et si graves de M. Oudot: en morale, il faut flé-

(1) V. Demol., t. VI, n° 203 : — Dur., t. XIV, n° 24; — Marc., sur l'art. 1389, III-IV; — Troplong, n° 61. — L'opinion à laquelle nous nous rangeons a été érigée en loi par le Code civil d'Argovie, dont l'art. 177 exige que les enfants soient toujours élevés dans la religion de leur père, nonobstant toute clause contraire.

trir le mari qui, au tort d'accepter dans son contrat de mariage la clause dont il s'agit, ajoute celui de tromper une femme qui ne l'a épousé que sous la condition expresse de diriger la foi de ses enfants : — en droit, on peut qualifier de sévice une telle conduite, et autoriser la femme à demander la séparation de corps « pour éviter une maternité qu'elle maudirait au nom de ses croyances religieuses, puisque, dans sa pensée, elle donnerait le jour à des enfants destinés à la damnation éternelle » (1). Mais, en une matière aussi délicate, on comprend combien il faut attendre de la sagesse et de la prudence du juge.

Nous n'avons parlé, dans les développements qui précèdent, que des attributs de la puissance paternelle relatifs à la personne de l'enfant : les droits du père sur les biens de celui-ci ne sont pas moins inaliénables. Ainsi, de son vivant, l'usufruit légal lui est exclusivement attribué ; le Code, par une disposition expresse (art. 384), ne le défère à la mère qu'après la dissolution du mariage ; aucune rénonciation du mari, même par contrat de mariage, ne saurait changer la loi à cet égard (2).

— Toute la théorie qui vient d'être exposée peut, ce nous semble, se résumer dans cette formule : — le père a reçu le mandat légal d'exercer, tant au nom de la

(1) *Du droit de famille*, liv. III, t. I.

(2) Quant à la question générale de la validité des conventions relatives à l'usufruit légal, V. dans le sens de l'affirmative : MM. Proudhon, t. I, nos 125 et 221 ; — Duvergier, *De la vente*, t. I, no 213 ; — dans l'opinion contraire : MM. Demolombe, t. VI, no 527 ; — Dur., t. III, no 403 bis, et IV, no 486 ; Val. sur Proudh., II, p. 267 ; Demangeat, *Revue de droit franç. et étrang.*, 1845, p. 674 ; Rod. et Pont., t. I, no 68 ; Tropl., no 61.

mère qu'au sien propre, l'autorité qui appartient aux deux ensemble: de là pour la mère un double droit: droit de surveiller l'usage fait par le mari de la puissance qui lui est remise, droit de lui demander compte de l'abus qu'il en pourra faire; c'est une sorte de subrogée-tutelle dont elle est investie, et si elle se voit retirer l'exercice direct du pouvoir dans la famille, elle tient de la nature la mission plus délicate d'en tempérer la rigueur, et de la loi le droit plus élevé d'en dénoncer les excès.

Ce droit lui appartient à tous les titres; et quel que soit celui des attributs de la puissance paternelle dont il est fait abus, elle a qualité pour intervenir. Ainsi, l'éducation physique des enfants est dirigée par le père seul: mais que celui-ci, par avarice, dureté ou bizarrerie, les soumette à un régime capable de compromettre leur développement et leur santé; si la mère n'arrive à rien par ses remontrances et ses prières, l'action lui est ouverte devant les tribunaux. Et ce n'est pas au nom et comme mandataire de ses enfants qu'elle demandera justice; elle agira pour son propre compte: par le fait seul du mariage, son mari a contracté vis-à-vis d'elle une obligation à laquelle il a manqué (art. 203); en présence de cet engagement violé, elle a le droit de toute partie contractante, celui de réclamer par les voies légales l'exécution stricte de la convention.

Le même principe suffirait à justifier son action, quand ce sont les mœurs et l'intelligence des enfants qui se trouvent mises en péril; mais ici, c'est avant tout au nom de son droit de puissance paternelle qu'elle va protester. La loi n'a donné au père un pouvoir prépondérant que parce qu'elle attendait de lui, avec un égal respect de la jeunesse de ses enfants, plus de constance dans les vues, plus de suite dans la direction, plus de fermeté dans la tendresse ; dès que ses prévisions sont trompées, elle ne peut vouloir maintenir contre toute raison la prérogative qu'elle avait établie : elle a statué, en général, dans un intérêt d'ordre public ; mais cet ordre même exige que le droit commun cesse, quand le pouvoir organisé par le législateur devient, suivant une expression célèbre, destructif des fins pour lesquelles il a été institué. C'est alors la justice qui va décider, abandonnant la lettre de la loi pour s'attacher plus étroitement à son esprit.

— Tel est le fondement légitime du pouvoir supérieur et réglementaire des tribunaux (1) ; mais la détermination de l'étendue et des limites de ce pouvoir constitue une des principales difficultés de la matière. En effet, dans l'espèce, la mission ordinaire du magistrat change singulièrement de nature ; interprète habituel de la loi, astreint à l'appliquer strictement sans avoir ni à la modifier ni à l'apprécier, il reçoit ici au contraire une sorte de délégation du pouvoir législatif : et quand une situation anormale met en défaut les prévisions de la loi, il est chargé d'y suppléer en modifiant le fonctionnement de l'autorité domestique ou même en changeant absolument sa constitution, de manière à pourvoir à tous les besoins et à parer à tous les dangers.

Ce pouvoir reconnu aux tribunaux nous paraît, comme aux auteurs éminents que nous avons cités, un

(1) Demol., t. VI, n° 367 ; Demante, t. II, n° 114 *bis* I.

complément nécessaire de l'organisation de la puissance paternelle, telle qu'elle est établie par le Code: cependant la loi est muette sur le droit général que nous attribuons aux magistrats, et son silence est d'autant plus remarquable qu'elle prévoit expressément un cas spécial, celui de l'article 335 du Code pénal: dans cette hypothèse unique, c'est elle-même qui prononce la déchéance du père, coupable d'avoir corrompu ou prostitué ses enfants. Quant aux autres excès dont ceux-ci pourraient avoir physiquemment ou moralement à souffrir, les faits sans doute pourront être punis suivant leur gravité, soit correctionnellement, soit même criminellement; mais, la peine subie, le père va-t-il rentrer dans le plein et entier exercice de sa puissance? C'est ce que nous ne saurions absolument admettre. Il y a cependant des auteurs qui ne reculent point devant cette solution; Dalloz notamment la soutient avec fermeté: en matière civile, dit-il, l'action du ministère public est exceptionnelle, et doit être autorisée par un texte formel (1); à plus forte raison doit-on exclure l'initiative des tribunaux, impuissants à jamais agir d'office: n'en faut-il pas conclure que le législateur a préféré laisser sans répression les excès possibles, mais assurément rares, de la puissance paternelle, plutôt que d'autoriser dans les familles l'inquisition légale du ministère public?

Quoi qu'il en soit de la valeur de ces arguments,

(1) Ce principe est vrai : mais ne s'agit-il pas ici d'une matière d'ordre public? et le ministère public n'est-il pas chargé « de pourvoir d'office à l'exécution des lois, dans toutes les dispositions qui intéressent l'ordre public ?» (loi du 20 avril 1810, art. 46).

l'opinion contraire, nous semble s'imposer irrésistiblement en morale et en logique, et se motiver très-suffisamment en droit. Nous le répétons avec M. Demolombe : tutélaire et protectrice de son essence, il ne se peut pas que la puissance paternelle devienne un instrument de tyrannie et de démoralisation ; — il y a plus : le pouvoir général des magistrats de faire exécuter les lois suivant les vues du législateur devait ici, dans l'intention des rédacteurs, être précisé et confirmé par un texte spécial ; la proposition faite à cet égard fut seulement ajournée, et renvoyée au moment où l'on traiterait les questions de détail ; elle ne fut point reprise, par un de ces oublis dont l'histoire de la rédaction du Code offre plus d'un exemple. L'intention du législateur de ne point laisser sans contrôle l'exercice de la puissance paternelle n'en demeure pas moins évidente, d'autant plus que nos anciens auteurs sont unanimes à reconnaître le pouvoir modérateur des magistrats, et ne font que confirmer en cela la jurisprudence constante des parlements (1).

Cette démonstration nous paraît suffisante : quant au danger d'un pouvoir inquisitorial reconnu au ministère public, il est purement imaginaire. Sans qu'il soit besoin de s'immiscer dans les familles et de porter atteinte à l'inviolabilité du foyer domestique, il y aura toujours, à l'encontre des abus du pouvoir paternel, un protecteur naturel des intérêts de l'enfant, pour provoquer au besoin l'intervention de la justice. Si le père reste seul, encore que ses droits sur ses enfants lui appar-

(1) V. Merlin, *Rép.*, t. IV, vº *Education*, § 1 ; — t. X, vº *Puissance personnelle*, sect. 3, § 1 ; Nouveau Denizart, t. VII, vº *Education*.

tiennent en dehors de la tutelle, le subrogé-tuteur et le conseil de famille n'en sont pas moins naturellement désignés pour prévenir ou dénoncer tout abus. Pendant le mariage, ce droit appartient bien plus évidemment encore à la mère (1), et l'on peut le lui attribuer sans crainte qu'elle en mésuse, car une nécessité pressante pourra seule faire céder sa tendresse conjugale devant son devoir maternel. — Nous sommes ainsi ramené à notre point de départ, et nous allons insister exclusivement sur cette dernière hypothèse.

— Dans notre théorie, nous reconnaissons tout d'abord aux tribunaux le pouvoir et le droit de remédier en fait à la situation qui leur est dénoncée et de faire rentrer le pouvoir paternel dans ses bornes légitimes, au besoin par l'emploi de la force publique (2); il est des cas où l'intérêt de l'ordre exige impérieusement cette mesure et où dès lors la légitimité n'en saurait être contestée, quelque système que l'on admette d'ailleurs sur la question générale examinée plus haut. Mais notre théorie va plus loin : réprimés un jour, les excès qui ont appelé l'intervention des magistrats recommenceront le lendemain, plus intolérables qu'auparavant, et avec le caractère d'une sorte de vengeance;

(1) V. cependant Marcadé, t. II, art. 233, II; — Coffinières, *Encyclopédie du droit*, v° *Aliments*, § 1, n° 6.

(2) Ainsi, nul doute que la mère ne puisse contraindre judiciairement son mari de lui faire connaître la pension où sont élevés ses enfants : l'espèce s'est présentée devant le tribunal de la Seine. Les art. 371 et 372 suffisent à fonder le droit indiscutable de la mère; et en jurisprudence, un argument *à fortiori* se tire des nombreuses décisions rendues dans des espèces beaucoup moins favorables, où il s'agissait du droit pour les aïeuls maternels de n'être point séparés de leurs petits-enfants.

de nouveau la justice devra s'interposer, et cette situation pourra indéfiniment se prolonger, les violences appelant une répression, et réciproquement. Or, c'est ce qui nous paraît inadmissible : en même temps qu'ils réparent les excès du passé, les tribunaux doivent pourvoir à la sécurité de l'avenir; de là pour eux le droit que nous leur avons reconnu tout d'abord, de distribuer autrement l'autorité dans la famille, et spécialement de l'attribuer à la mère. Mais la puissance paternelle n'étant point une création de la loi, qui se borne à la réglementer, l'action des tribunaux doit être d'une circonspection extrême, car elle n'est légitime que dans les limites du nécessaire : ainsi, nous n'admettons pas (1) que l'exercice de l'autorité puisse être enlevé au père, quelle que soit son indignité, si d'ailleurs les intérêts matériels ou moraux de l'enfant ne sont point compromis; et de même, la puissance paternelle n'étant, comme on l'a vu, nullement indivisible, celui-là seul de ses attributs dans l'exercice duquel le père est reprochable peut et doit lui être retiré.

C'est relativement à la garde de l'enfant, entendue dans son sens large, que les abus sont le plus fréquents: dans ce cas, nous admettons sans hésiter que le soin de sa personne et de son éducation doit être remis à des mains moins indignes, et c'est la mère, protectrice née de l'enfant, qui se trouve naturellement désignée au choix des magistrats. On objectera qu'elle n'a pas d'autre domicile que celui de son mari, et que, dès lors, la solution proposée n'aboutit qu'à l'organisation de la guerre domestique en permanence : à cet argument nous ré-

(1) *Contrà*, M. Vazeille, *Du mariage*, t. II, n° 431.

pondrons en fait. Il est évident que la garde ne peut être efficacement attribuée à la mère qu'autant que la vie commune a cessé entre les époux; mais dans la réalité des choses, une séparation de fait (1) existera presque toujours, quand se produira cette perversion de la puissance paternelle à laquelle il faut mettre un terme, dont surtout il faut prévenir le retour : ces excès, en effet, ne sont guère possibles que lorsque le pouvoir du père a cessé de trouver dans la présence de la mère son contre-poids et son tempérament naturels. Telle étant la situation, l'attribution à la mère de la garde des enfants ne saurait rencontrer qu'un obstacle théorique : légalement sans doute, les magistrats ne peuvent reconnaître d'autre séparation que la séparation de corps légalement prononcée; néanmoins, si le mari ne réclame pas la réintégration par la femme du domicile conjugal, l'intérêt des enfants doit être la loi suprême, et les tribunaux peuvent profiter de la situation de fait pour le sauvegarder (2).

Mais quelle va être l'influence de cette mesure sur les autres droits de la puissance paternelle? C'est là une question délicate, parce qu'elle se pose en dehors des textes : nous la résoudrons par l'application rigoureuse du principe que nous avons posé, c'est-à-dire que nous n'apporterons à la lettre de la loi que les dérogations

(1) Nous écartons l'hypothèse de la séparation de corps, que nous examinerons dans notre troisième chapitre.

(2) V. MM. Demol., t. VI, n° 371; Aubry et Rau, t. IV, p. 603; — cf. C. de Paris, 10 juillet 1855. — M Oudot préfère dans ce cas recourir à l'organisation d'une tutelle dative décernée par le conseil de famille : celui-ci choisira naturellement pour tuteur celui des deux époux qui n'est pas reprochable. Telle est également l'opinion de M. Vazeille (*Du mariage*, t. II, n° 431).

strictement exigées par les circonstances. Nul doute, en premier lieu, que la mère, chargée désormais de la direction de ses enfants, ne doive recevoir de la justice les moyens légaux de remplir sa mission ; ainsi, le droit de correction lui sera attribué, dans les limites où la loi permet à la femme de l'exercer. Peut-être faudra-t-il aussi lui reconnaître le droit d'émancipation : il est tel cas, en effet, où l'intérêt de l'enfant exige que l'on anticipe sur sa majorité, mais c'est là une décision importante, qui exige une appréciation complexe et délicate ; lors même que les circonstances rendraient évident l'avantage de l'émancipation, l'instruction du mineur est-elle assez complète, son intelligence assez formée, son jugement assez mûr, pour que la capacité civile puisse sans danger lui être conférée avant l'âge ? toutes questions dont la solution ne peut être demandée en connaissance de cause qu'à celui auquel l'enfant a été confié jusqu'à ce jour : on peut même dire que l'émancipation est l'exercice suprême du droit de garde, puisqu'elle en est l'abdication, et dès lors est inséparable de ce droit.

Quoi qu'il en soit de l'attribution à la mère du pouvoir de correction et d'émancipation, il faut reconnaître que ce double droit se trouve notablement modifié entre les mains du père. — En ce qui concerne le droit de correction, celui-ci n'est plus à même de l'exercer avec opportunité, puisque la direction de l'enfant lui a été retirée : il est à craindre au contraire que son irritation ne s'en fasse une arme légale, et qu'il ne cherche à frapper dans ses enfants celle qu'il ne peut directement atteindre. Cet instrument de vengeance doit être brisé entre ses mains : s'il ne peut que requérir l'incarcération de l'enfant, il suffit de s'en rapporter à la prudence du président, à qui la situation devra être révélée; si la voie d'autorité lui est ouverte, nous pensons avec M. Demolombe (1) que l'ordre pourra être refusé, sauf au père à se pourvoir : que si l'ordre avait été surpris, la mère aurait droit d'en référer au tribunal, qui apprécierait en fait. On le voit, nous ne prononçons aucune déchéance extra-légale, et nous ne dépassons pas ce qu'exige l'intérêt actuel et immédiat de l'enfant.

Quant au droit d'émanciper, notre solution sera la même : le père privé de la garde ne saurait conserver le pouvoir de déjouer par une émancipation les précautions prises peut-être contre son immoralité; si donc, en fait, le père avait fait sa déclaration devant le juge de paix dans la forme ordinaire, il appartiendrait au tribunal de ne pas permettre que les mesures jugées par lui nécessaires fussent rendues illusoires, et de replacer le mineur sous l'autorité protectrice à laquelle il a été indûment soustrait (2).

Nous avons supposé jusqu'ici que la garde de l'enfant avait été directement retirée par les tribunaux au père indigne de l'exercer : mais, en dehors de toute intervention de la justice, il peut se présenter telle situation de fait où le père, légalement présent et capable, se trouve en réalité éloigné ou hors d'état de remplir sa mission. Sur tous ces cas notre solution est simple, et se formule ainsi : le droit de puissance étant commun au père et à la mère, et l'exercice n'en étant refusé à

(1) T. V, n° 404.

(2) Arg. art. 485;—Tribunal de la Seine, 6 mars 1862; — Cass., 15 mars 1864; — Cass., 4 avril 1865.

celle-ci qu'en vue et comme conséquence de l'attribution exclusive qui en est faite à son mari, cet exercice lui appartient de plein droit toutes les fois que, par une cause quelconque, il cesse dans la personne du père ;— mais nous ajoutons avec Demante (1) : l'exercice de l'autorité par la mère restée sous la puissance du mari pouvant, dans certaines hypothèses, rendre illusoire la déchéance encourue par celui-ci, ou attenter dans d'autres au droit exclusif qu'il peut d'un jour à l'autre recouvrer, c'est le cas d'appliquer le pouvoir discrétionnaire des tribunaux, qui pourvoiront en connaissance de cause à toutes les exigences de la situation.

— Ce qui précède concerne exclusivement la garde et les droits accessoires que nous y avons rattachés : étendrons-nous la même théorie aux droits d'administration et d'usufruit légal ? Nous ne pensons pas que l'application rigoureuse de notre principe doive nous conduire jusque-là. En effet, si les attributs de la puissance paternelle relatifs à la personne de l'enfant sont communs aux deux époux, en telle sorte que l'exercice cessant dans la personne du père commence aussitôt dans celle de la mère, c'est que le même devoir leur est imposé par l'article 203, le même droit reconnu par les articles 371 et 372 : mais autrement en est-il en ce qui touche l'attribution des droits relatifs aux biens ; ces droits, surtout l'usufruit légal, sont en quelque sorte étrangers à la puissance paternelle proprement dite, envisagée exclusivement comme pouvoir de protection. Aussi ne sont-ils conférés que par un texte formel, et voici en quels termes restrictifs disposent les art. 384

(1) *Cours analytique*, t. II, n° 118 *bis*.

et 389; observons même que ce dernier se trouve en dehors du titre *de la Puissance paternelle :*

Art. 384. « Le père, durant le mariage, *et après la dissolution du mariage le survivant des père et mère*, auront la jouissance des biens de leurs enfants jusqu'à l'âge de dix-huit ans accomplis..... »

Art. 389. « Le père est, durant le mariage, administrateur des biens personnels de ses enfants mineurs. »

On le voit : le double droit d'administration et de jouissance appartient au père en vertu d'une attribution directe et personnelle ; un droit semblable ne prend naissance au profit de la mère (1) qu'en vertu d'une disposition spéciale de la loi (2), que nous ne sommes point autorisés à suppléer. Si donc l'administration est enlevée au père en état de dégradation civique (3), si elle lui est retirée principalement à raison de l'infidélité de sa gestion (4), la mère ne peut la prendre en main en dehors des termes de la loi, et il y a lieu à l'organisation d'une tutelle (5) ; ce mode de protection, le plus efficace, le seul qui soit régulièrement organisé à défaut de la puissance paternelle, doit être appliqué par ana-

(1) Encore n'a-t-elle en aucun cas l'administration légale. V. *infrà*.

(2) Telle que celle qui est écrite pour le cas d'absence dans l'article 141.

(3) Nous verrons plus tard si la dégradation civique entraîne par elle seule déchéance du droit d'administration légale.

(4) Il faut ajouter : si des biens ont été légués à l'enfant sous la condition que le père n'en aura pas l'administration, — à supposer que l'on admette la validité de cette clause.

(5) Cette tutelle sera nécessairement dative, puisqu'il ne peut y avoir de tutelle légitime en dehors des termes précis de la loi, et que l'on n'est pas dans le cas de la tutelle testamentaire.

logie à tout mineur non émancipé ayant des biens, si la loi n'a pas autrement pourvu à l'administration (1). — Cette solution se justifie d'autant mieux, qu'en aucun cas la mère n'est à ce seul titre autorisée par la loi à gérer les biens de ses enfants mineurs et à les représenter dans les actes. Pendant le mariage, le père seul reçoit qualité à cet effet; une fois le mariage dissous, l'administration n'appartient à la mère qu'autant qu'elle conserve la tutelle, et le caractère en est singulièrement changé : la loi, se défiant de l'inexpérience des affaires habituelle aux femmes, ne laisse pas à la veuve les mêmes pouvoirs qu'au mari, pouvoirs d'ailleurs aussi peu définis par le Code que peu fixés en jurisprudence. Quoi qu'il en soit, la mère ne se voit confier les intérêts pécuniaires de ses enfants que moyennant toutes les garanties exigées en matière de tutelle : autre chose est donc de lui conférer, en dehors des prévisions strictes du Code, l'exercice d'un droit de garde qui lui appartient ailleurs incontestablement, autre chose de créer à son profit, au mépris des intentions évidentes du législateur, un pouvoir que celui-ci ne lui a jamais et en aucun cas attribué (2).

De même pour la jouissance légale : l'art. 384 est aussi formel que possible; c'est uniquement à la mère survivante que l'usufruit peut appartenir, et les termes précis de la loi interdisent de rien sous-entendre et de rien suppléer (3). Ainsi, dans tous les cas où le droit de jouissance cesse d'appartenir au père avant le

(1) Dem., t. II. n° 113 *bis* et 138 *bis*; — Vazeille, *loc. cit.*

(2) L'art. 141 est tout exceptionnel, et ne confère d'ailleurs à la mère que les pouvoirs d'un mandataire.

(3) V. Dem., t. II, 120 *bis*, IV.

terme légal, il prend fin au profit de l'enfant seul, à qui l'administrateur de ses biens devra compte désormais de l'intégralité de ses revenus (1). Il en est ainsi dans plusieurs hypothèses :

1° Le père a été déclaré déchu pour abus de jouissance (art. 618);

2° L'usufruit lui est dénié sur les biens d'une succession dévolue à ses enfants, et dont lui-même a été écarté comme indigne (art. 730);

3° De même, sur les biens légués à ses enfants sous la condition qu'il n'en jouira pas (art. 387);

4° Enfin, il a renoncé au droit de jouissance ouvert à son profit (2).

Dans tous ces cas, l'usufruit éteint dans la personne du père se réunit à la propriété au profit des enfants, pour renaître s'il y a lieu, lors de la dissolution du mariage, au profit de la mère survivante. Marcadé (3) et Mourlon s'écartent cependant ici de l'opinion générale : celui-ci notamment, en cas d'exclusion du père pour cause d'indignité, allègue que la mère exerce désormais le droit d'éducation qui lui est propre, et doit conséquemment en avoir les émoluments. Nous admettons les prémisses de ce raisonnement, mais la conclusion nous en paraît inadmissible en présence des termes

(1) Delv., t. I, p. 93, note 9 ; Toullier et Duvergier, t. II, n° 1064 ; Val. sur Proudh., t. II, p. 202; Dur., t. III, p. 384 ; Zach., t. III, p. 670.

(2) Demol., n° 488.

(3) Marcadé rejette l'argument tiré du mot *dissolution* dans l'art. 384, en alléguant qu'aux termes de l'art. 373, l'éducation et et la garde ne doivent appartenir qu'à la mère survivante, et cependant l'on ne s'en tient pas sur ce point à la lettre de la loi — Cf. M. Oudot, *op. et loc. cit.*

stricts de l'art. 384 ; d'ailleurs, il est très-généralement reconnu que l'usufruit légal n'est en aucune façon un élément essentiel de la puissance paternelle, et le salaire obligé de son exercice (1); enfin, dans les cas, et ce sont assurément les plus nombreux, où le mari a perdu son droit de jouissance autrement que de son plein gré, la déchéance ou l'exclusion prononcée contre lui serait purement nominale, si elle amenait la dévolution à la mère de l'usufruit dont il a été dépouillé.

Tels sont les droits que nous reconnaissons à la mère, et cela dans l'intérêt exclusif des enfants : toute la théorie qui vient d'être exposée se fonde sur le caractère essentiellement protecteur de la puissance paternelle, et sur la nécessité de ne jamais permettre qu'elle puisse se retourner contre le but de son institution. Cette organisation de la puissance maternelle était difficile à établir dans ses détails, car nous avons dû le plus souvent la constituer à côté et en dehors des textes ; le reste de notre tâche est beaucoup plus aisé : nous avons maintenant à déterminer les autres droits reconnus à la mère, non plus sur la direction générale de la personne et de la fortune de ses enfants, mais dans les occasions importantes où il a paru au législateur que l'intérêt de l'enfant et le devoir de piété exigeaient l'intervention de ses deux auteurs. Ici, les droits respectifs de l'un et de l'autre sont précisés par les textes, et le doute ne peut exister que sur des questions de détail.

(1) Dem., *loc. cit.* ; Oudot, liv. III, ch. IV, sect. 4. ; Dem., n° 484 et suiv.

— En premier lieu, la loi exige le consentement de la mère au mariage de son fils mineur de 25 ans, de sa fille mineure de 21 ans (art. 148). Mais ici comme ailleurs, il a bien fallu, en prévision d'un conflit possible, donner à l'un des époux la prépondérance : de là le second paragraphe de l'art. 148 :

Art. 148, § 2 : « — En cas de dissentiment, le consentement du père suffit. »

En faut-il conclure que l'autorisation paternelle devra seule être demandée? Bien loin de là : la mère est investie d'un droit propre et distinct, que l'on voudrait à tort considérer comme illusoire, sous prétexte que la volonté du père doit dans tous les cas prévaloir. En premier lieu, un motif impérieux de convenance s'oppose absolument à ce que le mariage d'un fils ou d'une fille puisse avoir lieu à l'insu de la mère; de plus, celle-ci, consultée, pourra trouver en dehors de la loi les moyens de faire revenir le chef de la famille sur une détermination imprudente; enfin et surtout, son intervention est une garantie du libre consentement de l'enfant; celui-ci, seul en face du père, résisterait malaisément à sa volonté formellement signifiée; la présence de la mère suffira dans la plupart des cas pour écarter ce danger (1). — D'ailleurs, la nécessité de requérir son avis est formellement écrite dans la loi (2) : elle résulte explicitement de l'article 76, aux

(1) Tribunal du Puy, aff. de Volongat, 3 juin 1817.

(2) Mourlon va jusqu'à prétendre que le consentement du père n'est pas légal, quand il est donné sans prendre l'avis de la mère; ce qui équivaut, suivant lui, à l'absence de tout consentement : — Nous ne saurions le suivre jusque-là, tout en reconnaissant l'exactitude de son principe.

termes duquel le consentement des père et mère doit être énoncé dans l'acte de mariage, et implicitement de l'article 148 lui-même : « En cas de *dissentiment*, le consentement du père suffit »; or il ne peut s'agir ici que d'un dissentiment légalement constaté. — De toute nécessité, l'avis de la mère doit donc être demandé : mais dans quelle forme ?

MM. Duranton et Dalloz (1) ont sur ce point un système fort simple : suivant eux, le droit de la mère d'être consultée a pour corrélatif naturel le pouvoir de former une opposition, dont les tribunaux ne donneront mainlevée que lorsque son consentement aura été requis conformément à la loi. Ce droit une fois reconnu à la mère, les auteurs que nous citons sont naturellement conduits à induire son approbation de son silence, aussi n'admettent-ils pas que l'officier de l'état civil doive indistinctement se refuser à la célébration du mariage par cela seul que le consentement de la mère n'est point représenté : il appréciera la situation en fait, et passera outre, s'il appert des circonstances que l'absence d'opposition peut être considérée comme un tacite acquiescement (2).

Ce système repose tout entier sur le droit reconnu à la mère de faire opposition ; aussi suffit-il, pour le renverser, de citer les termes de l'article 173 :

(1) Dur., t. II, n° 77, note 3; Dalloz, *Jur. gén.*, v° *Mariage*, ch. II, sect. 3, n°s 93 et suiv.

(2) V. MM. Vazeille, t. I, n° 110; Delv., t. I, p. 58, note 4 ; Allemand, *Du mariage*, t. I, n° 220. — Joignez le jugement déjà cité du tribunal du Puy, confirmé par arrêt de la cour de Riom en date du 30 juin 1817; mais le jugement, comme l'arrêt, est principalement motivé en fait.

Art. 173 : « Le père, et à défaut du père, la mère, et à défaut des père et mère, les aïeuls et aïeules, peuvent former opposition au mariage de leurs enfants et descendants, encore que ceux-ci aient 25 ans accomplis. »

Ainsi le droit de former opposition n'est reconnu à la mère que subordinément : tant que le mari est vivant et consentant, aucune voie de droit n'est ouverte à la femme pour faire obstacle au mariage, et cette seule observation suffit pour ruiner de fond en comble la théorie de M. Duranton (1). En effet, si la mère n'a pas le droit de faire opposition, aucune induction ne peut être tirée de son silence, et dès lors il faut s'en tenir à la lettre de la loi : en conséquence, dans notre opinion, l'officier de l'état civil ne pourra en aucun cas passer outre à la célébration du mariage sans qu'on lui ait rapporté le consentement de la mère, ou la preuve qu'elle a été consultée. Cette preuve devra être faite par un acte authentique (art. 73, argu.) ; le moyen le plus naturel de procéder sera la signification d'un acte respectueux dans la forme ordinaire (art. 151 et 154) (2) : d'ailleurs, si le pouvoir de faire opposition est dénié à la mère, elle conserve le droit de dénonciation officieuse, qui suffira pour mettre au mariage un obstacle absolu jusqu'à l'accomplissement des formalités légales. — Ce système a sur celui de MM. Duranton et Dalloz un triple avantage : d'abord, quoique moins favorable à la mère en apparence, il sauvegarde bien plus efficacement ses droits, en prohibant toute interprétation té-

(1) On peut encore le combattre en invoquant l'art. 76, qui exige la mention dans l'acte de mariage du consentement des père et mère.

(2) Val. sur Proudh., t. I, p. 306, note 6.

méraire d'un silence explicable par son ignorance aussi bien que par son acquiescement; en second lieu, en permettant seulement une démarche officieuse, il évite l'inutile scandale d'une opposition toujours vaine, puisque la lettre de la loi contraint dans tous les cas le tribunal à en donner mainlevée; enfin, il est absolument imposé par les textes, au point que nous n'hésitons pas à faire ici l'application des peines prononcées par les articles 156 du Code civil et 193 du Code pénal contre l'officier de l'état civil qui a négligé de s'assurer des divers consentements exigés par la loi, ou de les consigner dans l'acte (1).

La mère à qui n'appartient pas le droit d'opposition ne saurait à plus forte raison agir en nullité, sous prétexte qu'elle n'a pas été consultée (art. 182) (2). Quant au droit de demander la nullité pour défaut de consentement du père, il n'appartient jamais qu'à celui-ci, tant qu'il est vivant et capable, et nous verrons dans notre second chapitre que certains auteurs le contestent même à la mère survivante.

— L'enfant majeur quant au mariage n'est plus tenu d'obtenir le consentement de ses parents; mais du moins est-il obligé de requérir leur conseil (article 151), et ici encore il faut reconnaître à la mère un droit propre et distinct : elle n'est nullement représentée par le père en cette occasion, et chacun d'eux doit recevoir une notification personnelle et séparée (3).

(1) Dem., t. I, n° 210 *bis*; Aubry et Rau, t. IV, § 462; Demo., t. III, n° 39: Merlin, *Rép.*, v° *Opposition à un mariage*, t. XVII, p. 238-239.

(2) Aubry et Rau., *loc. cit.*

(3) Merlin, *Questions*, v° *Actes respectueux*, § 3, quest. 2; Marc.

C'est par application de ce principe que se régleront dans le détail toutes les questions relatives à la forme des actes respectueux (1).

— Ce qui vient d'être dit relativement au consentement exigé pour le mariage, est applicable de tout point au choix par les enfants de la profession religieuse. Le législateur ne reconnaît plus d'engagement perpétuel, au moins pour les filles, ni de vœux civilement obligatoires; néanmoins, le for de la conscience échappe à l'empire des codes humains, et les vœux prononcés, pour n'être point reconnus par l'État, n'en forment pas moins un lien indissoluble : aussi est-ce à bon droit que la loi, pour autoriser un engagement de ce genre, exige toutes les garanties d'une volonté ferme et éclairée. Ainsi, les fils mineurs de 25 ans ne peuvent entrer dans les ordres sacrés qu'en rapportant les consentements exigés pour leur mariage avant le même âge. Quant aux filles, bien que le législateur ait voulu mettre leur conscience même dans l'impuissance de s'enchaîner trop fortement (2), aucun engagement ne leur est permis avant l'âge de seize ans; et au delà,

sur l'art. 151, I; Aubry et Rau, *loc. cit.*; Demo., t. III, n° 62; Vazeille, t. I, n° 134.

(1) V. Bruxelles, 5 mai 1808; Caen, 12 décembre 1812; Douai, 25 janvier 1815. — D'après ce qui a été dit plus haut, la mère non consultée ne pourrait fonder une opposition sur l'absence d'actes respectueux; mais l'officier de l'état civil devra surseoir, sous peine de tomber sous l'application de l'art. 157, C. civ.

(2) Les filles ou veuves majeures ne peuvent contracter que pour cinq ans, et les mineures que pour an, l'engagement purement religieux que la loi leur permet toujours de rompre (Décret du 18 févr. 1809, art. 7-8). — V. M. Oudot, *op. cit.*, 1re partie, liv. v, t. 2.

elles sont tenues de rapporter le consentement de leurs ascendants, conformément aux articles 148, 149 et 150 du Code civil (1). L'assimilation entre le droit de consentir au mariage et le droit d'autoriser l'entrée en religion ne cesse que sur un seul point : la loi n'a pas répété, pour la fille majeure, la nécessité de demander le conseil par des actes respectueux (2).

— Ainsi, le mariage est considéré par le législateur comme un acte d'une importance exceptionnelle : que l'enfant s'engage dans ses liens, ou qu'il y renonce en prononçant des vœux, l'autorité des père et mère doit s'exercer également dans les deux cas. Mais là ne se borne point leur intervention en cette matière : si le mariage contracté, même de leur consentement, se trouve entaché de quelque nullité absolue (3), la loi voit toujours le fondement légitime d'une action dans leur juste sollicitude pour la pureté de leur race et l'honneur de leurs enfants (4). Mais le droit d'attaquer le mariage appartient-il simultanément au père et à la mère ? Zachariæ l'admet (5), mais il est le seul; et, en effet, l'exercice de l'action en nullité est évidemment un attribut de la puissance paternelle (6), protectrice des intérêts

(1) Décrets du 18 févr. 1809 et du 28 févr. 1810.

(2) M. Oudot, *loc. cit.*

(3) Impuberté, bigamie, parenté aux degrés prohibés, clandestinité, incompétence de l'officier de l'état civil.

(4) MM. Duranton (t. II, n° 328) et Toullier (t. I, n° 633) sont les seuls à soutenir que les ascendants ne peuvent agir aux termes de l'art. 184 qu'en vertu d'un intérêt pécuniaire né et actuel. — *Contrà*, Locré, sur l'art. 184; Delv., t. I, p. 148; Merlin, *Rép.*, v° *Mariage*, sect. VI, § 2; Vaz., n°s 218 et 240; Marc., sur l'art. 184; Demo., t. III, n° 301; Reg. rej., 15 nov. 1848.

(5) T. III, p. 255, note 25.

(6) Nous prenons ici l'expression *puissance paternelle* dans son

moraux autant et plus que des intérêts matériels de l'enfant; dès lors, celui-là seul qui est investi de l'autorité doit avoir qualité pour agir. Ici plus que partout ailleurs, un conflit serait déplorable, et doit être évité à à tout prix; aussi la presque unanimité des auteurs maintient-elle fermement la prérogative du père, dans une circonstance où la puissance paternelle reprend en quelque sorte son ancien caractère de magistrature domestique (1).

Enfin, il faut citer dans le même ordre d'idées le droit pour les père et mère de consentir les conventions matrimoniales de leurs enfants mineurs. Évidemment, ce n'est point là un acte de gestion de biens et un attribut de la tutelle; autrement la loi n'aurait pas eu besoin de déroger à ses règles ordinaires sur la représentation des mineurs; mais, sachant combien sont irritantes les discussions pécuniaires, et combien un contrat mal combiné peut compromettre le bonheur du futur ménage, elles s'en est remise à la sollicitude de ceux dont le consentement est requis pour le mariage lui-même. Les mêmes règles sont applicables dans les deux cas : par conséquent, s'il y a dissentiment entre le père et la mère sur les clauses du contrat, ce partage

sens le plus large, comme synonyme de l'autorité dans la famille, puisque le droit dont il s'agit est reconnu même aux ascendants autres que père et mère.

(1) V. en ce sens : Demo., t. III, n° 303; Marc., sur l'art. 186, bien que cet auteur reconnaisse le droit d'agir à tous les ascendants concurremment; Dalloz, *Jur. gén.*, v° *Mariage*, n° 512.— Demante (t. II, n° 270 *bis*, I, *in fine*), remarque avec raison que la loi ne saurait avoir concédé indistinctement aux ascendants le droit d'agir en nullité, alors qu'elle a réglé l'exercice successif du droit bien moins important d'opposition.

emporte consentement, et aucune voie légale n'est ouverte à celle-ci contre la volonté arrêtée du père (1).

— Voilà pour ce qui concerne le mariage. A la puissance paternelle entendue largement se rattache encore un pouvoir tout spécial reconnu aux ascendants par l'art. 935 : c'est le droit pour les père et mère du mineur émancipé ou non émancipé, et pour les autres ascendants même du vivant des père et mère, d'accepter, au nom du mineur, la donation qui lui est offerte. Le texte même de l'art. 935 montre bien qu'il ne s'agit pas ici, comme pour l'opposition ou l'action en nullité, d'un droit successif et subsidiaire : le pouvoir d'accepter n'a d'autre fondement qu'une présomption légale d'affection, tous les ascendants en sont donc investis au même titre. Nul doute notamment que la mère ne puisse accepter au refus et malgré l'opposition du père (2);

(1) Au moins dans notre opinion; le système de MM. Duranton et Dalloz nous semble comporter logiquement la solution inverse. (V. Dalloz, *Jur. gén.*, v° Mariage, n° 460).

(2) Delvincourt l'a seul contesté (t. II, p. 69, note 8; mais son opinion est démontrée fausse : 1° par les termes mêmes de l'article 935; — 2° par l'ancienne jurisprudence, à laquelle cet article est emprunté : le droit de la mère, établi par plusieurs arrêts, fut consacré législativement par l'art. 7 de l'ordonnance de 1731 ; il lui appartenait si bien en propre, que Ricard y voyait un passe-droit (1re partie, nos 852-854); — Furgole (sur l'art. 7 de l'ordonnance) en donne ce motif qu'obligés de fournir des aliments à leur enfant dans le besoin, les ascendants ont intérêt à voir sa fortune se former ou s'accroître par des donations qui éloignent la charge de la dette alimentaire : explication qui écarte absolument l'idée d'un droit éminent pour le père; Pothier n'est pas moins explicite (*Puissance maritale*, n° 49, et Introd, au titre V de la cour d'Orl., n° 34); — 3° par les travaux préparatoires : MM. Berlier et Treilhard voulaient refuser à la mère le droit dont il s'agit, le considérant comme une injure envers le père; M. Tronchet répondit qu'il

par suite, son acceptation sera valable en dehors de toute autorisation; elle fait ainsi pour son enfant ce qu'elle ne pourrait faire pour elle-même, mais c'est en vertu d'un mandat qu'elle tient de la loi, et qu'elle remplit sans en devoir compte à personne.

Mais que devient alors cette discipline domestique que nous avons vue jusqu'ici maintenue avec tant de soin? La cause d'une donation peut être honteuse : l'empressement aveugle de la mère prévaudra-t-il dans tous les cas sur la saine appréciation du chef de la famille? Ce serait là, sans doute, un résultat fâcheux, mais notre système ne l'impose en aucune façon; il est possible, en effet, de concilier tous les intérêts, sans s'écarter du texte formel de l'art. 935 : la mère pourra toujours accepter, et son acceptation aura cet effet important, de lier le donateur; mais le père, administrateur légal de la fortune et gardien naturel de l'honneur de ses enfants, pourra s'adresser à la justice pour obtenir l'annulation d'une acceptation inopportune (1). A l'encontre des imprudences de la mère aussi bien que des excès du père, nous reconnaissons le pouvoir modérateur des tribunaux.

— Enfin le consentement de la mère est requis, et plus expressément que jamais, quand il s'agit de donner

fallait prévoir l'absence du père, *et surtout le cas où il refuserait la donation par un motif odieux d'intérêt personnel :* — on ne peut rien souhaiter de plus concluant. (Locré. *Lég. civ.*, t. XI, p. 206). — V. en ce sens : MM. de Fréminville, *de la Minorité*, t. II, n° 897; Zach., Aubry et Rau, t. IV, p. 459; Troplong, t. III, n° 1120; Dur., t. VIII, n° 438; Dem., t. IV, n° 74 *bis* V; Demo., *Donations*, t. III, n°s 181, 187 et 188; Cass., 12 avril 1832.

(1) Demo, *op. cit.*, n° 190.

ses enfants en adoption (1). Nous avons vu qu'elle participe à la puissance paternelle, même du vivant du père ; nous avons donné la formule et déterminé l'étendue de ses pouvoirs ; aussi n'était-il pas admissible que le père pût abdiquer sans elle une autorité dont il n'était pas seul investi : de là l'art. 346.

Art. 346 : « ..... Si l'adopté ayant encore ses père et mère, ou l'un d'eux, n'a point accompli sa vingt-cinquième année, il sera tenu de rapporter le consentement donné à l'adoption par les père et mère, ou par le survivant : et, s'il est majeur de vingt-cinq ans, de requérir leur conseil. »

Nous n'avons point à insister sur les différences qui séparent le consentement exigé pour le mariage du consentement requis en matière d'adoption : ce que nous devons mettre en lumière, et ce qui ressort jusqu'à l'évidence du rapprochement des art. 346 et 148, c'est la nécessité absolue de l'autorisation maternelle. Marcadé seul (2) a voulu, contre toute espèce de raison, transporter ici la règle applicable au mariage ; MM. Oudot, Aubry et Rau font, au contraire, ressortir avec autant de force que de justesse les différences radicales qui séparent l'institution de l'adoption de celle du mariage : celle-ci puisée dans la nature, de qui elle reçoit avant tout ses lois, source dans l'État de toute prospérité matérielle et de tout ordre moral ; celle-là, création arbitraire du législateur, indifférente à la religion et à la

(1) Ce que nous allons dire de l'adoption devra être étendu à la tutelle officieuse. Les art. 346 et 361 disposant à peu près dans les mêmes termes, et les raisons de décider étant identiques.

(2) Sur l'art. 346, VI; joignez cependant Riffé, *de l'adoption*, p. 54.

société, utile seulement à la satisfaction de quelques intérêts d'affection ou d'orgueil (1). « On comprend, dit M. Oudot, que lorsqu'il s'agit d'élever famille contre famille, affection contre affection rivale, la mère ait autant que le père droit de s'opposer à ce déchirement. » C'est, en d'autres termes, ce que nous avons déjà dit : la mère a un droit distinct dont elle ne saurait être dépouillée malgré elle ; la nature repousse et la loi n'autorise point cette espèce d'expropriation (2).

Tels étant les motifs de l'art. 346, quelle en est la sanction ? le Code est muet sur cette question, si importante cependant. Dans ce silence de la loi, deux systèmes sont possibles : le premier consiste à transporter dans la matière de l'adoption la distinction des empêchements en dirimants et prohibitifs ; c'est ainsi que Demante reconnaît bien comme général le caractère dirimant ; mais, à l'égard du consentement à obtenir ou du conseil à requérir des père et mère de l'adopté, il refuse de voir une cause de nullité absolue dans une contravention qui, en matière d'adoption, ne produirait, si le consentement était nécessaire, qu'une nullité relative, et n'en produirait aucune s'il s'agissait seulement du conseil ; partant de là, et la loi n'organisant aucune nullité relative en matière d'adoption, c'est-à-dire ne déterminant ni les personnes ayant droit d'agir, ni le temps accordé à cet effet, il conclut que pour le défaut de consentement comme pour le défaut de conseil, il

(1) V. Aubry et Rau, t. IV, § 556, note 9 ; Oudot, 1re partie, liv. IV, tit. IV.

(2) Proudhon, t. II, p. 196 ; Delv., t. I, p. 256 ; Dur., t. III, no 289 ; Demo., t. VI, no 33 ; Dem., t. II, no 79 *bis* I.

n'y a aucune nullité (1). M. Demolombe, moins hardi, n'admet la même solution que pour le défaut de conseil (2). Un tel système nous paraît arbitraire, et nous préférons admettre avec MM. Aubry et Rau (3) que, l'adoption découlant uniquement du droit positif, la validité s'en trouve implicitement subordonnée au concours de toutes les conditions requises par la loi : un simple argument d'analogie tiré des règles édictées pour le mariage ne saurait prévaloir contre ce principe, et d'ailleurs nous avons montré combien est téméraire toute assimilation de deux institutions dont l'origine et la fin sont si différentes. Si donc le consentement de la mère n'a pas été obtenu ou son conseil requis conformément à la loi, nous déclarons l'adoption absolument nulle, et l'action ouverte contre elle à tous les intéressés. Telle est, d'ailleurs, la doctrine qui prévaut en jurisprudence (4).

(1) T. II, no 80 *bis* V.
(2) T. VI, nos 105-106.
(3) T. IV, § 556.
(4) Colmar, 28 juillet 1821; Reg. rej., 24 août 1831; Angers, 21 août 1839.

CHAPITRE II.

Tant que dure le mariage, nous avons montré comment la puissance paternelle appartient au père et à la mère, en quelque sorte par indivis : le même devoir incombe à l'un et à l'autre, et chacun d'eux en est tenu pour le tout; aussi chacun a-t-il intégralement les droits corrélatifs. Seulement, on a vu comment et par quels motifs l'exercice de ce pouvoir commun est pendant le mariage réservé au père seul, la mère n'ayant en quelque sorte que voix consultative. Ces principes posés, qu'advient-il en cas de mort du père?

Nous n'avons qu'à tirer les conséquences rigoureuses de nos prémisses; la puissance paternelle, qui pendant le mariage reposait sur deux têtes, appartient désormais tout entière à la mère survivante; celle-ci l'acquiert dans sa plénitude par une sorte de *jus non decrescendi*. Aucun pouvoir désormais ne peut se poser en rival du sien, aucun conflit n'est possible à l'avenir; seule elle est responsable de l'éducation de ses enfants, seule elle a qualité pour la diriger.

Quant à leurs biens, elle n'en a la gestion que moyennant les garanties exigées d'un tuteur ordinaire, mais il n'y a là aucune atteinte à son droit. Si le père est administrateur légal, c'est uniquement pendant le mariage, et parce que la situation paraît alors au législateur offrir une sécurité absolue : cela est si vrai que le père survivant ne conserve pas l'administration au même titre qu'auparavant ; le contrôle naturel et tacite de la mère est remplacé par la surveillance légale d'un subrogé-tuteur et d'un conseil de famille. L'administration, en effet, nous l'avons déjà remarqué, n'est nullement un attribut essentiel de la puissance paternelle, à tel point que l'article qui l'institue se trouve au titre *de la Tutelle et de l'Emancipation* ; rien d'étrange dès lors que, la situation n'étant plus la même, la loi veuille protéger par d'autres moyens les intérêts pécuniaires des mineurs. — Mais quant à leur personne, quel que soit le survivant de leurs auteurs, le même pouvoir continue de s'exercer, avec les mêmes attributs, la même indépendance, la même souveraineté.

Cependant, faut-il admettre cette proposition d'une manière absolue? La mère survivante se voit déférer de plein droit la tutelle de ses enfants, mais elle est libre de la décliner : son pouvoir sera-t-il le même quelque parti qu'elle prenne, et le tuteur nommé à son refus ne viendra-t-il pas limiter jusqu'à un certain point son autorité maternelle? C'est là une question capitale qu'il nous faut examiner tout d'abord.

Aux termes de l'art. 450, le tuteur doit prendre soin de la personne du mineur ; c'est le premier devoir qui lui soit imposé : mais de ce devoir la loi fait-elle naître un droit rival de celui de la mère? Il faut absolument repousser cette idée ; sans doute, le tuteur a des obligations et des pouvoirs relativement à la personne du mineur, mais ce n'est qu'à défaut des père et mère, et la démonstration de ce point est facile. — En premier lieu, pour rester dans notre hypothèse, la nomination d'un tuteur ne dispense nullement la mère de l'obligation de pourvoir à tous les besoins de ses enfants ; l'article 203 reste toujours applicable : et puisque sa responsabilité n'est point diminuée, de quel droit porter atteinte à ses prérogatives ? — Si l'on veut une preuve plus directe, on n'a qu'à comparer les attributs de la puissance paternelle et ceux du pouvoir tutélaire relatifs à la personne des mineurs : les droits de garde et de correction existent dans les deux cas, mais quelle différence dans leur étendue ! Le père et la mère exercent un pouvoir qui leur est propre, c'est une sorte de magistrature dont ils sont investis, et dont ils ne doivent compte à personne, tant que l'abus n'en va pas jusqu'à troubler l'ordre public ; le tuteur, au contraire, ne peut rien par lui seul, il n'est que le mandataire, l'exécuteur des volontés du conseil de famille, devant lequel il est responsable, et qui peut lui retirer ses pouvoirs. Lors donc que la tutelle se trouve sur la même tête que la puissance paternelle, ce n'est pas à la tutelle que le père ou la mère doit son autorité sur la personne de ses enfants mineurs, puisque cette autorité lui appartenait déjà dans sa plénitude : ce qui lui est conféré, c'est uniquement le mandat légal de gérer leurs biens et d'exercer leurs actions, et la tutelle refusée ou perdue ne saurait lui enlever d'autres droits que ceux qu'elle lui avait apportés. N'est-il pas évident dès lors que les fonctions de tuteur peuvent se réduire à l'administration des biens, et qu'il en est ainsi notamment toutes les fois que la puissance paternelle survit dans la personne de la mère ? Ne serait ce pas d'ailleurs faire outrage à la dignité de celle-ci, que de lui enlever l'éducation des enfants pour ne lui laisser que la surveillance, et compromettre l'intérêt des mineurs que de surcharger le tuteur de soins bien plus maternels que tutélaires (1)?

La nature même impose cette solution: elle était admise dans notre ancienne jurisprudence, bien que l'autorité maternelle fût méconnue dans nombre de provinces, et si mal définie dans les autres. Les auteurs du Nouveau Denizart sont exprès sur ce point: « Lorsque le gardien et le tuteur sont deux personnes différentes, l'autorité du tuteur sur la personne du mineur est éclipsée par celle du gardien (2). »

Concluons que la mère, tutrice ou non, est investie sans restriction (3) de la puissance paternelle: c'est un droit qu'elle tient de la nature, et l'on ne peut facilement présumer que la loi ait voulu le lui ravir, à moins qu'elle ne s'en soit nettement expliquée (4). Quant à l'article 450, nous ne le réduisons pas pour cela à l'état de lettre morte, dans sa disposition relative au soin de la personne du mineur: nous y trouvons pour le tuteur le fondement d'un droit de surveillance; c'est ainsi notamment qu'il aura qualité avant tous pour provoquer, en cas d'abus, l'intervention des tribunaux et l'action de leur pouvoir discrétionnaire. Mais il n'y a là aucune atteinte au droit maternel, aucune limitation par un droit rival du tuteur: la preuve, c'est que si la mère ne décline point la charge légale de la tutelle, son auto-

(1) Voyez sur ce point une dissertation approfondie de Sirey, 1830, 2, 337.— Cf. Toullier, t. II, nº 1183.

(2) T. IX, *de la garde noble*, § 12, nº 4; — cf. Demo., t. VI, nºs 380 et suiv.

(3) Au moins de la part du tuteur. Nous verrons dans un instant que la loi, tout en donnant à la mère le pouvoir sans partage, ne le lui accorde pas avec la même étendue qu'au père.

(4) Motifs d'un arrêt de la cour de Poitiers, du 18 février 1811.

rité ne sera nullement accrue par le cumul des pouvoirs, et la même surveillance sera exercée par le subrogé-tuteur.

— La puissance paternelle ainsi déférée à la mère survivante présente les mêmes caractères qu'entre les mains du père : elle est inaliénable, elle échappe à toute convention, à toute limitation contractuelle. Notamment, c'est en vain que le père prémourant, au moment où la puissance lui échappe, prétendrait en entraver l'exercice entre les mains auxquelles elle va passer désormais ; il peut se défier de l'aptitude de sa femme à la gestion des affaires et lui donner un conseil pour le cas où elle serait tutrice, la loi le lui permet; mais elle lui interdit de soupçonner que ses enfants puissent être confiés à un autre mieux qu'à leur mère (1) : celle-ci prend l'exercice de la puissance en vertu d'un droit propre et préexistant, non à la suite d'une dévolution ; le père ne lui transmet rien, il n'a par conséquent ni conditions, ni restrictions à lui imposer.

Le pouvoir que nous refusons au père ne saurait à plus forte raison appartenir au conseil de famille ; toute délibération qui voudrait étendre à la puissance paternelle un droit de contrôle limité par la loi à la tutelle doit être tenue pour nulle et non avenue ; et les engagements mêmes par lesquels la mère aurait consenti librement à déléguer tout ou partie de son autorité à un

(1) Comme le disent les vieux auteurs, *aliud est tutela, aliud educatio* (Rec. d'Albert, v° *Education*, ch. 2). La mère la plus tendre, la plus digne de présider à l'éducation de ses enfants, ne peut-elle pas se trouver hors d'état de gérer leurs biens, et, suivant l'expression de notre ancien droit, de *batailler en justice* pour eux ?

autre ascendant, par exemple à un aïeul paternel, n'obligeraient que sa délicatesse ; la loi ne saurait en reconnaître l'existence, ni les tribunaux la sanctionner (1). — Cette proposition est absolue, et n'admet aucune restriction, aucun tempérament ; les circonstances les plus graves, le fait même du convol, dont nous nous occuperons tout à l'heure, ne sauraient permettre au conseil de famille d'enlever à la mère l'exercice de la puissance paternelle ; les tribunaux seuls peuvent intervenir, en vertu du pouvoir supérieur que nous leur avons reconnu : quant à ceux qui ont ou qui surveillent l'exercice de la tutelle, l'indignité la plus flagrante, les désordres les plus scandaleux ne leur donnent aucun droit de déclarer la mère déchue ; il n'en résulte pour eux qu'une obligation plus ou moins pressante de requérir et de faire prononcer la destitution, en connaissance de cause, sur faits allégués et justifiés contradictoirement avec la mère incriminée.

— Nous posons donc en principe que l'autorité légale dont le père est investi pendant le mariage est, après sa dissolution, attribuée tout entière à la mère, en ce sens que nul n'y a part avec elle. Mais ses pouvoirs, pour lui appartenir exclusivement, n'en sont pas moins enfermés dans les limites tracées par la loi : or celle-ci, tout en se fiant à sa sollicitude, n'a pas voulu l'armer de droits aussi étendus que ceux qu'elle reconnaît au père ; cette prudence est traditionnelle, et le motif en est donné par Pothier, en termes fort nets : « La faiblesse du jugement des femmes, et le caractère d'emportement assez ordinaire à ce sexe, empêchent

(1) Grenoble, 11 août 1833.

qu'on ne puisse compter sur le jugement de la mère comme sur celui du père. » Nous avons donc à déterminer comment l'autorité, identique dans son essence et dans ses attributs, se trouve modifiée quant à son exercice entre les mains de la mère survivante.

Deux hypothèses peuvent se présenter : tant que la veuve n'est pas remariée, le législateur, comme nous allons le voir, se borne à se prémunir contre ces emportements dont parle Pothier, en mettant une entrave à l'exercice du droit de correction ; à part cette restriction, la puissance paternelle lui est intégralement dévolue. Mais la situation change singulièrement si la mère convole en secondes noces ; de ce moment, elle aliène son indépendance, et si, en droit, l'éducation de ses enfants du premier lit continue de lui appartenir sans partage, en fait l'autorité maritale à laquelle elle est soumise ne lui laisse plus toute la liberté de sa tendresse maternelle : celle-ci même va cesser d'être exclusive, et si des enfants naissent de la seconde union, rarement l'affection de la mère se partagera sans s'affaiblir. Dès lors, la confiance de la loi diminue avec juste raison ; elle ne veut pas que la puissance maternelle puisse servir d'instrument à la malveillance ou à la haine d'un beau-père : de là les précautions que nous allons avoir à étudier.

I. — La condition de la mère non remariée se détermine aisément. En ce qui concerne la garde de l'enfant avec tous les droits qui s'y rapportent, nous n'avons qu'à nous référer à notre principe : dans les limites légales, son pouvoir est absolu ; ni le père prémourant, ni le conseil de famille n'ont pu le limiter. Ainsi, elle dirige à son gré l'éducation physique et intellectuelle de l'enfant, elle fixe le lieu de sa résidence (1) et peut l'y réintégrer au besoin par l'emploi de la force publique (2), sauf l'exception unique admise par la loi du 21 mai 1832 (3).

Ce droit, nous le répétons, s'exerce en dehors du contrôle du conseil de famille, et la loi fait dans l'article 454 une application particulière de cette idée générale, en dispensant la mère tutrice de faire régler la somme approximative à laquelle devront s'élever les dépenses du mineur. Mais que décider lorsque la mère n'a point la tutelle? nulle difficulté si elle est usufruitière; mais, dans le cas contraire, les dépenses annuelles du mineur devront-elles être fixées, vis-à-vis du tuteur, par le conseil de famille? Il y a lieu d'hésiter sur ce point, car toute taxation de ce genre portera atteinte au droit absolu de la mère: d'autre part, l'article 454 ne distingue pas, et il y aurait certainement quelque chose d'étrange dans la faculté laissée à la mère non tutrice d'exiger annuellement du tuteur les sommes qu'il lui plairait. M. Demolombe propose un moyen terme qui paraît fort raisonnable: il admet en principe la seconde opinion, mais en laissant à la mère

(1) L'art. 374 ne parle que du père, mais il se réfère évidemment au cas où le père et la mère existent tous deux.

(2) M. Demolombe admet dans ce cas, par argument *à fortiori* de l'art. 377, qu'il suffit d'un ordre du président du tribunal pour mettre en mouvement la force publique. — V. en ce sens M. de Belleyme, *Ordonnances sur référés*, t. I, p. 417, et Chardon, *Des trois puissances*, II, 24.

(3) L'enfant âgé de 20 ans révolus peut sans autorisation quitter la maison paternelle pour s'enrôler.

la faculté de se pourvoir auprès du tribunal, si l'allocation votée par le conseil de famille lui paraissait insuffisante, et l'indépendance de ses droits compromise (1).

— Chargée seule de l'éducation de ses enfants, la mère est armée du droit de correction; mais la loi, qui lui laisse tout pouvoir en ce qui concerne la discipline domestique, ne lui permet de disposer de la puissance publique que moyennant certaines précautions.

En premier lieu, la mère ne peut que requérir la détention de ses enfants, mineurs ou majeurs de seize ans; la voie d'autorité lui est toujours fermée. De plus, ce pouvoir, même ainsi réduit, n'appartient pas à elle seule; elle ne peut l'exercer qu'avec le concours des deux plus proches parents paternels du mineur récalcitrant (art. 381). Ce concours des parents implique dans la pensée de la loi une délibération et un consentement collectifs (3); ainsi la demande formée par la mère seule, sans leur concours ou sur leur refus (4), doit être rejetée (5).

Telle étant la loi, que va devenir le droit de la mère

(1) T. VII, nº 632.

(2) Cette condition doit être entendue raisonnablement; ainsi, au cas où les deux plus proches parents paternels demeureraient à très-grande distance, il suffirait de deux parents plus éloignés en degré et demeurant sur les lieux (Marcadé, sur l'art. 381, III); cf. Demo., t. VI, nº 351.

(3) V. M. de Belleyme, *Ord. sur Ref.*, t. I, p. 14; Oudot, liv. III, tit. I, ch. 2, sect. 2.

(4) L'opposition d'un seul des deux parents suffirait à rendre la demande non recevable.

(5) Aubry et Rau, t. IV, § 550; Taulier, I, p. 483; Demo., t. VI, nº 350. — Mais la mère tutrice conserve le droit de faire statuer le conseil de famille sur l'opportunité de l'exercice du droit de correction, art. 468 (Oudot, *loc. cit.*)

en l'absence de parents paternels? Les opinions les plus divergentes se sont produites sur ce point; parmi les auteurs, les uns admettent que dans ce cas le droit de correction est perdu, la loi en ayant subordonné rigoureusement l'exercice à une condition qui, dans l'espèce, n'est plus réalisable (1); d'autres, partant de ce principe exact que la puissance paternelle appartient à la mère au même titre qu'au père, la font rentrer dans la plénitude de son droit dès que l'article 381 a cessé de pouvoir s'appliquer dans ses termes (2). Mais le plus grand nombre, repoussant ces solutions extrêmes, s'inspirent de l'esprit de la loi, qui n'a pas voulu remettre sans contrôle le droit rigoureux de faire incarcérer l'enfant aux mains à la fois faibles et violentes d'une femme; aussi, à défaut de parents paternels, ont-ils recours, conformément au droit commun, aux alliés et aux amis du père (art. 407, 409, arg.) (3). S'il y a un conseil de famille organisé, le concours de deux de ses membres remplira évidemment l'intention de la loi, car suivant l'expression de Marcadé (4), le conseil de famille, même composé d'étrangers, constitue quant à la direction de sa personne et à la gestion de ses biens, la parenté légale du mineur.

A part ces différences, le droit de correction est exercé par la mère aux mêmes conditions que par le

(1) Proudhon, t. II, p. 147; Allemand, t. II, no 1091.

(2) Ducaurroy, t. I, no 557; Taulier, I, p. 483.

(3) Aubry et Rau, *loc. cit.*; Toullier, t. II, no 1057, note; Val. sur Proud., t. III, p. 247, note a; de Belleyme, *loc. cit.*; Boistel, *Le droit dans la famille*, p. 318-319.

(4) Sur l'art. 382, III.

père. Il y a cependant un point sur lequel des doutes se sont élevés : aux termes de l'article 379, le père est toujours maître d'abréger la durée de la détention par lui ordonnée ou requise; le même pouvoir appartient-il à la mère? Ici encore, nous nous trouvons en face d'opinions multiples; Proudhon (1), appuyé sur les termes stricts de l'article 379, et alléguant les dangers d'un pardon irréfléchi, refuse absolument à la mère le droit de faire cesser la détention qu'elle a pu requérir : d'autres, moins absolus, exigent l'autorisation des parents paternels dont le concours a été nécessaire pour amener l'incarcération (2). Mais c'est à tort que l'on prétend établir une corrélation entre le droit d'emprisonner l'enfant et celui de le faire élargir (3); nous admettons sans hésiter, avec la majorité des auteurs, que la mère peut de sa seule volonté mettre un terme à la détention du mineur. C'est là un droit indéniable de la puissance paternelle dont elle est investie, et qui ne peut être limitée entre ses mains que par des textes formels; or la disposition spéciale de l'article 381 se réfère uniquement au droit de requérir l'incarcération (4). Quant à refuser absolument à la mère le droit

(1) T. I, p. 247.

(2) Marc., sur l'art. 379, III; Taulier, *loc. cit.*; Allemand, t. II, no 1100; Delv., t. I, p. 240.

(3) La preuve, c'est que le père, dans les cas nombreux où il ne peut amener l'incarcération que moyennant le concours du président du tribunal, n'en exerce pas moins seul le droit de grâce; et personne n'a jamais songé à élever de doutes sur ce point.

(4) De Belleyme *Ord. sur réf.*, I, p. 14-15; Duc., t. I, art. 379, no 553; Val. sur Proudh., t. I, p. 247, note *b*; Demo., t. VI, no 334; Dem., t. II, no 126 *bis* I; Boistel, *Le droit dans la famille*, p. 310-321.

de grâce, faute d'un renvoi de l'article 381 à l'article 379, c'est ce que Proudhon seul pouvait oser faire, avec son parti pris de restreindre l'autorité maternelle contre l'esprit et la lettre même de la loi.

Le droit de correction doit être maintenu à la mère alors même que le pouvoir discrétionnaire des tribunaux lui aurait enlevé l'éducation et la garde; la nécessité du concours des parents paternels prévient tout danger, non moins que l'intervention indispensable du président du tribunal. Si, malgré tout, la détention de l'enfant avait été indûment ordonnée, la personne chargée de la garde aurait qualité pour demander en justice son élargissement (1).

Si l'exercice des droits de garde et de correction, exclusivement attribués au père durant le mariage, passe à la mère après sa dissolution, à plus forte raison a-t-elle désormais sans partage les attributs de la puissance paternelle à l'exercice desquels elle était déjà associée du vivant même du père.

Ainsi, en ce qui concerne le mariage du mineur, la mère seule a droit de consentir ou d'être consultée (art. 149, 151) : si son consentement n'a pas été obtenu ou son conseil requis, elle a droit de s'opposer au mariage (2), et en l'absence même d'opposition, l'offi-

(1) V. *supra*, des décisions analogues pour le cas où le droit de correction est exercé par le père.

(2) Et ce droit n'est ouvert qu'à elle. Rappelons ici que la mère a droit de faire opposition dans tous les cas, et sans qu'elle ait besoin d'articuler de motifs : en cas de rejet, elle est affranchie, en tant qu'ascendante, de toute condamnation en des dommages-intérêts (art. 179) ; elle pourrait seulement être condamnée aux frais du procès, sauf la faculté pour le juge de compenser les dépens. (art. 131, Pr. civ.)

cier de l'état civil doit surseoir, à peine de tomber sous l'application de l'article 157 du Code civil. Si cependant il a été passé outre, le droit d'agir en nullité s'ouvre dans la personne de la mère : le même droit, ouvert avant la dissolution du mariage dans la personne du père, est transmis à la veuve avec les autres attributs de la puissance paternelle. Quant à l'action fondée sur une nullité absolue, elle appartient sans conteste à la mère, exclusivement dans l'opinion de la plupart des auteurs, concurremment avec les autres ascendants dans celle de Marcadé (art. 184, 191). Enfin, le seul consentement de la mère survivante est nécessaire et suffisant pour la validité des conventions matrimoniales de ses enfants mineurs (art. 1095, 1309, 1398).

Ce que nous venons de dire du mariage est applicable de tout point à l'adoption, sauf une différence qui a déjà été signalée : le défaut d'actes respectueux, en ce qui concerne le mariage, n'a en aucune façon le caractère d'un empêchement dirimant; nous admettons au contraire avec MM. Aubry et Rau que l'adoption peut être annulée de ce chef (1). Bien entendu, c'est à la mère seule qu'appartiendra le droit d'agir.

Signalons en dernier lieu, dans le même ordre d'idées, la nécessité du seul consentement maternel pour le fils mineur de 25 ans ou la fille mineure de 21, qui veulent embrasser la profession religieuse (2).

— Restent deux attributs de la puissance paternelle sur lesquels il faut plus particulièrement insister, parce

(1) V. *suprà*, p. 184.
(2) Décret du 18 février 1809, art. 7. ; — Décret du 28 février 1810, art. 4.

qu'ici le conflit des deux pouvoirs paternel et tutélaire apparaît nettement, et n'est que difficilement réglé sans empiètement de l'un sur l'autre : il s'agit du droit, pour la mère survivante et non tutrice, d'émanciper l'enfant, et de lui nommer un tuteur testamentaire.

Le pouvoir d'émanciper ses enfants âgés de 15 ans révolus lui est formellement attribué par l'article 477, et n'est attribué qu'à elle seule; de plus, aucune distinction n'est écrite dans la loi : peu importe que la veuve soit privée, exclue ou déchue de la tutelle; si elle perd tous les droits attachés à une qualité qu'elle n'a plus, elle n'en conserve pas moins tous ceux qui tiennent à sa qualité de mère, que rien n'a pu lui enlever. Cependant, les raisons de douter ne manquent pas. Si la mère est indépendante du conseil de famille, le pouvoir de celui-ci doit par réciprocité être à l'abri de ses atteintes; or, ce pouvoir va se trouver anéanti par l'émancipation. Ce n'est plus alors son propre droit que la mère abdique, c'est celui du tuteur qu'elle brise, et elle y sera poussée, soit par le ressentiment de son exclusion, soit par le désir de reprendre sur ses enfants une autorité dangereuse à laquelle le conseil de famille a voulu les soustraire. Ainsi l'émancipation, au lieu d'être un bienfait pour les enfants, leur sera conférée pour leur perte (1).

— Ces objections, si graves qu'elles soient, ne sauraient prévaloir contre le texte formel de la loi (2); mais

(1) Jugement du tribunal de Bordeaux, du 3 déc. 1831.

(2) V. MM. Duranton, t. III, n° 630; Proudh., t. II, p. 252; Zach. Aubry et Rau, t. I, § 110, note 6; Demo., t. VIII, n° 204; Marc., t. II, p. 203; Dem., *Programme*, t. I, p. 282, et *Cours analyt.*, n° 243 *bis* II. — Delvincourt (t. I. p. 460) distingue entre le cas d'excuse et celui d'exclusion ou de destitution.

c'est ici le cas ou jamais de faire intervenir le pouvoir des tribunaux, et leur rôle en cette occurrence se trouve parfaitement défini dans les motifs d'un remarquable arrêt de la Cour de Bordeaux, émendant un jugement du tribunal civil : il appartient à la justice de discerner si l'émancipation est opérée de bonne foi, ou si elle n'est au contraire qu'un moyen frauduleux employé par la mère pour déjouer les précautions du conseil de famille, et ressaisir de fait l'autorité qu'elle a perdue de droit; si donc il apparaît que l'émancipation, au lieu d'être l'acte spontané d'une sage et généreuse tendresse, n'est qu'une fraude à la délibération du conseil de famille, le tribunal fera défense au juge de paix de recevoir la déclaration de la mère, et pourra même révoquer l'émancipation prononcée (1). Telle est la doctrine de la majorité des auteurs.

— La seconde de nos deux questions est plus délicate encore. La loi, dans l'article 397, reconnaît au dernier mourant des père et mère le droit de désigner le tuteur de ses enfants mineurs; mais ce droit, établi par un texte unique, n'est aucunement réglementé dans l'application : de là des difficultés nombreuses que nous ne pourrons résoudre avec précision qu'en traitant tout d'abord la question de principe. Quel est donc le fondement du droit, pour le survivant des deux parents et spécialement pour la mère, de choisir le tuteur de ses enfants par un acte de dernière volonté?

Plusieurs auteurs, et parmi eux MM. Valette et Demolombe (2), considèrent ce pouvoir comme une con-

(1) Bordeaux, 7 janvier 1852.

(2) V. MM. Val sur Proudh., t. II, p. 293; Demo., t. VII, nos 182 et suiv.; Delv., I, p. 105, note 2; Marc., t. II, sur l'art. 397, I.

séquence et une extension de la tutelle légale déférée au survivant des père et mère : celui-ci, dans leur opinion, se choisit simplement un successeur, et par suite ne saurait transmettre des fonctions dont lui-même n'était point investi. Marcadé, poussant la logique à l'extrême, va jusqu'à soutenir que le dernier mourant, d'abord excusé, puis réintégré dans la tutelle par le conseil de famille, a perdu le droit de nommer un tuteur testamentaire (1), car la tutelle qu'il perd en mourant est une tutelle dative, et c'est la seule tutelle légale dont la loi autorise la transmission : cette solution se déduit rigoureusement des prémisses posées, et M. Demolombe ne s'en écarte pas sans dommage pour son principe.

Malgré de si graves autorités, nous tenons pour certain que le droit individuel de choisir le tuteur est un attribut, non pas de la tutelle légale, mais de la puissance paternelle, et les preuves à l'appui abondent. D'abord, si le système de MM. Demolombe et Marcadé est vraiment celui de la loi, pourquoi le droit dont-il s'agit est-il réservé aux seuls père et mère, à l'exclusion des autres ascendants, investis, eux aussi, de la tutelle légale? En second lieu, quelle peut être dans l'opinion adverse, la raison d'être de l'article 399? Et si réellement la gestion de la tutelle légale est la condition essentielle de la nomination d'un tuteur testamentaire, à quoi bon déclarer par un texte exprès ce droit enlevé à la mère remariée et non maintenue dans la tutelle de ses enfants du premier lit? Enfin un dernier argument, qui nous paraît décisif, nous est fourni par nos adver-

(1) Nous ferons usage de cette expression commode par sa brièveté et d'ailleurs consacrée en pratique malgré sa légère inexactitude.

saires eux-mêmes : tous conviennent que la mère tutrice et soumise par le père à la surveillance d'un conseil spécial exerce son droit de nomination en dehors de toute autorisation de ce conseil (1) : que conclure de là, sinon que le choix du tuteur par la mère survivante est un attribut de la puissance paternelle, dont l'exercice repousse dès lors toute limitation et tout contrôle? — C'est donc par une prérogative exorbitante qu'un droit, d'ordinaire exercé collectivement par la famille entière réunie en conseil, est individuellement reconnu au père ou à la mère (2). Dès lors, nous devons dans l'application nous renfermer strictement dans les termes de la loi, qui d'ailleurs sont limitatifs (3). Tel est le double principe d'où va logiquement résulter la solution des questions de détail.

Et d'abord, la mère qui se prévaut de l'article 394 et décline la charge de la tutelle a-t-elle droit de choisir celui qui l'exercera, elle vivante et à son défaut? Certains auteurs l'ont admis (4); mais la très-grande majorité repousse cette opinion, qui ne peut combattre que par des arguties le texte formel de l'article 397 (5); quant à nous, étant donné notre point de départ, notre solution ne saurait être douteuse.

(1) V. notamment Demo., *loc. cit.* — Cf. Oudot, liv. III, tit. I, ch. 3.

(2) Dem., t. II, n° 140 *bis* I.

(3) Art. 397 : « Le droit individu[...] choisir un tuteur parent, ou même étranger, n'appartient qu'a[...]rnier mourant des père et mère. »

(4) Toullier, t. II., n° 1102; Malleville, sur l'art. 397.

(5) Demo., *loc. cit.*; Dem, t. II, n° 140 *bis* I, Dur., t. III, n° 434; Val. sur Proudh., t. II, p. 280; de Fréminville, t. I, n° 70; Oudot, *loc. cit.*

Nous arrivons à la question la plus importante du sujet : la mère non tutrice peut-elle invoquer l'article 397? Notre réponse est faite d'avance : oui sans contredit, puisque la faculté de nommer un tuteur n'a rien de commun avec la gestion même de la tutelle; et, en l'absence d'un texte formel, nous devrions reconnaître ce pouvoir à la mère même exclue, même destituée. Heureusement, nous ne sommes point obligés d'aller jusque-là, et l'article 445 nous autorise à briser le droit de la mère indigne, par un argument *a fortiori* convaincant : puisque la loi refuse en ce cas même le vote au conseil de famille, comment lui laisserait-elle le choix individuel du tuteur (1)? Mais nous revenons à notre principe si la mère a simplement refusé la tutelle; elle n'a fait ainsi qu'user de son droit, et la loi n'attache à cette circonstance aucune défaveur : elle suppose toujours chez la mère des motifs respectables, dit M. Oudot, par cela même qu'elle lui donne le droit de n'en articuler aucun : la mauvaise santé, la jeunesse et l'inexpérience des affaires, enfin la défiance d'elle-même peuvent expliquer son refus; d'ailleurs, l'inhabileté de gérer n'entraîne point celle de choisir un bon gérant. — Quant à MM. Demolombe, Valette et Marcadé, il est évident que leur principe leur impose une solution inverse, nul ne pouvant transmettre ce qu'il n'a pas (2).

(1) Ce qui précède s'applique bien entendu au père comme à la mère. En ce qui concerne spécialement le père, du moment que nous invoquons par analogie l'art. 445, nous devons admettre avec Demante qu'il perd son droit alors même que la tutelle dont il est exclu ou destitué n'est pas celle de ses enfants. V. en ce sens. Dur., t. III, n° 430; *contrà*, Demo, t. VII, n° 158; Chardon. *De la Puiss. tut.*, t. III, n° 37.

(2) Demo., *loc. cit.*; Val. sur Proudh., t. II, p. 293; Delv., 1, p. 105, note 2; Marc., t. II, sur l'art. 397.

Mais alors, dans notre système, se pose une difficulté subsidiaire, que l'opinion adverse a l'avantage d'éviter; et c'est même là un des principaux arguments invoqués par nos adversaires à l'appui de leur théorie. Le tuteur testamentaire ainsi nommé par la mère non tutrice va-t-il entrer immédiatement en fonctions à la mort de celle-ci, renversant tous les pouvoirs en exercice et bouleversant de fond en comble l'organisation de la tutelle entière? On insiste sur l'impossibilité d'un tel résultat; et en effet, n'est-il point étrange que la mère, qui de son vivant n'avait point action sur la tutelle, puisse après sa mort en disposer par un acte de sa volonté, à l'exclusion du tuteur établi? Aussi plusieurs auteurs font-ils une distinction, et ne reconnaissent-ils à la mère non tutrice le droit de se prévaloir de l'article 397, que dans le cas unique où la tutelle se trouve vacante au moment de sa mort (1). — Quant à nous, notre solution nous paraît devoir être maintenue à toute éventualité (2). L'opinion d'après laquelle, au cas où la mère n'est pas tutrice, sa mort ne doit rien changer à la position de ses enfants mineurs, méconnaît ce fait capital, que cette mort va faire passer au tuteur la garde de leur personne; et quant à leurs biens, elle va les augmenter de toute la succession du prédécédé : de quel droit dès lors exclure le choix éclairé de la mère par une délibération du conseil de famille, qui

(1) V. en ce sens Taulier, t. II, p. 20; Chardon, t. III, nos 38-39.

(2) Nous ne mentionnons que pour mémoire l'opinion qui laisse au conseil de famille le soin de statuer sur le *quid utilius*, comme dans le cas de l'art. 431 : il s'agit ici de l'exercice d'un droit de la puissance paternelle; dès lors toute intervention du pouvoir tutélaire doit être absolument écartée.

dans le tuteur élu n'aura probablement considéré que les talents de l'administrateur? La tutelle va désormais comporter de nouvelles obligations et de nouveaux devoirs, et la mère seule a droit de choisir celui qui recueillera de ses mains le fardeau qu'elles laissent échapper (1).

Nous arrivons aux droits de la mère survivante sur les biens de l'enfant. Cette matière nous retiendra beaucoup moins longtemps; nous ne saurions en effet nous proposer de faire ici la théorie complète de l'usufruit légal : nous nous attacherons uniquement à mettre en relief ce que la condition de la mère présente de spécial relativement à l'exercice, à l'étendue et aux modes d'extinction de son droit de jouissance.

Quant à l'administration des biens de l'enfant, nous n'avons pas à nous en occuper : en effet, elle n'est confiée à la mère, au moins à titre de mandat, qu'autant que celle-ci ne s'est point démise de la tutelle qui lui est de plein droit déférée. Il ne s'agit donc plus ici d'un attribut de la puissance paternelle, dès lors l'étude de cette question ne rentre point dans notre sujet. Nous examinerons seulement dans un instant si la mère non tutrice n'a point la détention de la fortune du mineur, mais en son propre nom, et par suite de son droit d'usufruit.

— C'est donc de ce droit seul que nous avons à traiter. En principe, il appartient à la mère survivante aux mêmes conditions et avec la même étendue qu'au père durant le mariage : pour elle non plus que pour lui,

(3) V. en ce sens, Dur., t. III, nº 438; Ducaurroy, t. I, nº 598, Allemand, t. II, nº 1216, et surtout Demante et Oudot, *locc. citt.*

il n'est destiné à salarier l'exercice de la puissance paternelle; c'est un droit propre qui lui est attribué par un texte formel, et dont aucune convention, même par contrat de mariage, ne saurait la dépouiller préventivement (1).

Entrée en possession de son droit, elle l'exerce avec une pleine indépendance, sans autre obligation que celle de conserver la substance de la chose, et de pourvoir sur les revenus aux charges diverses de la jouissance légale; ses pouvoirs sont ceux de tout usufruitier, c'est-à-dire qu'elle jouit de la chose comme le propriétaire lui-même (2) : et cette simple observation nous donne la solution de la question peut-être la plus difficile de la matière. Il s'agit de savoir comment se concilient le droit de la mère non tutrice, et celui du tuteur nommé à son défaut; celui-ci trouve avant tout dans son mandat le pouvoir et l'obligation de gérer le patrimoine du mineur; d'autre part, l'exercice du droit d'usufruit suppose la détention des biens : le conflit est flagrant; comment allons-nous le régler?

Etudions la question en principe (3), et abstraction

(1) Ce point, toutefois, a été controversé; Zachariæ admet la validité de la renonciation, et à l'appui de cette opinion, on invoque l'ancienne jurisprudence (Poth., *Garde noble*, Sect. 2, § 1; — Nouveau Denisart, *cod.* vo; § 9, no 9). Mais l'autorité de Pothier est ici sans force, car il assimile la renonciation à l'usufruit légal aux renonciations à successions futures, ces dernières expressément prohibées par le Code (art. 1380). D'ailleurs, l'art. 1388 est formel, et les déclarations de M. Treilhard dans la discussion ne peuvent laisser aucun doute sur sa portée (V. Locré, *Lég. civ.*, t. XIII, p. 160).

(2) Dalloz, *Jur. gén.*, vo *Puissance paternelle*, no 90.

(3) Au contraire, le seul auteur, à notre connaissance, qui ait posé la question dans ses termes, se renferme dans le cas spécial

faite des circonstances qui ont fait passer la tutelle en d'autres mains que celles de la mère : les éléments de solution nous semblent des plus simples. En faveur de la gestion exclusive du tuteur, on allègue le principe constitutif de la tutelle (art. 450), que l'attribution à la mère de l'usufruit légal ne saurait ruiner : du vivant de la mère, dit-on, la garde et l'éducation de l'enfant lui restent confiées; si vous lui déférez encore l'administration des biens, quelles pourront être désormais les fonctions du tuteur? Mais il y a plus : réduit à l'inaction, la responsabilité de celui-ci n'en reste pas moins engagée; or comment admettre que l'hypothèque légale l'atteigne alors qu'il a les mains liées, et fasse retomber sur lui les conséquences d'une gestion qu'il n'a pu ni diriger ni surveiller (1)? — Cette argumentation est spécieuse; mais, suivant nous, elle repose uniquement sur une confusion : oui, le tuteur a mandat de gérer la fortune du mineur, mais l'usufruit légal n'est point dans le patrimoine de celui-ci; c'est, nous le répétons, un bien propre de la mère survivante, et le fondement de son droit se trouve uniquement dans l'article 384. On insiste, et l'on prétend que, dans l'intention de la loi, la perte de la tutelle par renonciation, exclusion ou destitution, doit entraîner nécessairement la perte du pouvoir d'administration : sans aucun doute, mais en tant seulement que ce pouvoir résultait de la tutelle; or le droit que nous reconnaissons à la mère est indépendant de la gestion tutélaire et de l'exercice des

d'indignité et d'inconduite (Demo., t. VI, p. 001). — L'arrêt le plus important sur ce point, celui de la Chambre des Requêtes, du 10 avril 1843, statue dans la même hypothèse.

(1) Motifs d'un arrêt de la cour de Riom, du 4 déc. 1841.

actions du mineur; c'est le droit de tout usufruitier de jouir directement et sans intermédiaire des biens sur lesquels porte son usufruit. Les pouvoirs du tuteur vont-ils par là se trouver réduits à néant? en aucune façon; il aura vis-à-vis de la mère la même situation qu'en face d'un usufruitier quelconque, c'est-à-dire qu'il exercera les actions relatives à la nue propriété, et il suffit de se référer au titre *de l'usufruit* pour constater que dans nombre de cas il aura l'occasion d'invoquer son droit. Quant au reproche que l'on nous adresse, de faire supporter par le tuteur les conséquences de la gestion d'autrui, c'est là une objection absolument imaginaire; le tuteur ne sera jamais comptable que de ses propres actes : en ce qui concerne la mère, il est vrai que la loi n'exige point d'elle, non plus que de tout autre usufruitier, la garantie de l'hypothèque légale, mais les abus de sa jouissance sont prévenus et réprimés par d'autres moyens; aux termes de l'article 618, les juges pourront, suivant la gravité des circonstances, prononcer l'extinction absolue de l'usufruit, ou ordonner seulement la rentrée du propriétaire dans la possession de l'objet grevé : dans les deux cas, c'est le tuteur qui prendra l'administration, et c'est à lui qu'il appartient avant tout autre de provoquer les mesures conservatoires nécessitées par les circonstances (1).

(1) La solution que nous proposons s'applique également à toutes les hypothèses, et nous ne voyons aucun motif de nous en écarter en cas de destitution de la mère. Néanmoins, les arrêts cités de la cour de Riom et de la chambre des Requêtes lui enlèvent l'administration dans cette hypothèse : nous avouons ne pas comprendre la doctrine de ces arrêts; ils se fondent sur la dépendance établie par la loi entre la jouissance légale et le devoir de subvenir à l'éducation et à l'entretien des enfants : de là, disent-ils, la nécessité

— Le droit de jouissance de la mère, tel que nous venons de l'établir, porte en général sur tous les biens du patrimoine du mineur, hormis ceux que la loi elle-même en affranchit, ou permet d'en affranchir. Les règles à cet égard sont les mêmes que pour l'usufruit paternel, aussi n'avons-nous pas à insister sur ce point. Cependant, parmi les causes faisant obstacle à l'établissement de la jouissance légale, il en est deux qui doivent nous arrêter un instant.

En premier lieu, la mère n'a aucun droit à prétendre sur les biens d'une succession dont elle a été écartée comme indigne; mais il faut que l'indignité ait été prononcée contre elle personnellement. Si la privation de l'usufruit n'a été encourue que par le père seul, sans doute aucun droit ne s'est ouvert au profit de la mère durant le mariage, mais elle n'en a pas moins une vocation éventuelle pour le moment de sa dissolution,

dans l'espèce de déférer la gestion au tuteur, réduit autrement à exercer des poursuites contre la mère démissionnaire ou exclue, à l'effet d'obtenir d'elle les sommes nécessaires à l'entretien du pupille. Mais nous avons établi et nous considérons comme indiscutable que la garde et l'éducation demeurent à la mère même destituée : que devient dès lors l'argument que l'on nous oppose? Que si en fait, la mère, en outre de la tutelle, a perdu la garde de ses enfants, notamment pour cause d'inconduite notoire, notre solution demeure la même : c'est un texte spécial qui lui confère son droit d'usufruit, l'exercice ou la jouissance ne lui en peut être enlevé que par un texte spécial, et ce texte ne se trouve nulle part en dehors de l'art. 618. Quant à la considération présentée dans le rapport de M. le conseiller Mestadier (arrêt de la chambre des Requêtes), d'après lequel l'art. 386, écrit pour le cas de divorce devrait s'étendre, non pas à la séparation de corps, mais aux faits susceptibles de l'amener, le mariage étant déjà dissous, nous n'imaginons rien de plus faible que ce redoublement d'un argument d'analogie (V. Dalloz, *Jur. gén.*, v° *Puiss. pat.*, n° 150).

et si elle ne profite point de l'indignité du mari, elle n'en saurait non plus être rendue victime (1). — Cependant, faut-il pousser jusqu'au bout l'application de notre principe dans les cas où, l'indignité ayant été prononcée uniquement contre le mari, seul appelé à la succession, la femme a été condamnée comme sa complice ? MM. Aubry et Rau et M. Demolombe considèrent comme évidente la volonté du législateur d'exclure indistinctement celui des père et mère qui, à raison des biens de la succession, aurait commis un des faits de nature à entraîner une déclaration d'indignité (2). Cependant, il s'agit ici d'une disposition pénale, qui nous paraît devoir être appliquée dans ses termes stricts.

Nous réglerons de la même manière le cas où des biens auraient été donnés ou légués à l'enfant sous condition que l'usufruit légal ne les atteindrait pas. Si l'exclusion a été prononcée d'une manière absolue, la pleine propriété est définitivement acquise au mineur ; si la volonté du disposant ne s'est manifestée qu'à l'égard du père, l'article 384 s'appliquera dans ses termes au profit de la mère lors de la dissolution du mariage.

— Quant aux modes d'extinction, le seul qui soit particulier à la mère est celui qui résulte du convol en secondes noces (art. 386) : nous reviendrons sur ce point avec quelque détail quand nous étudierons la condition de la mère remariée. Citons encore cependant, comme spéciale au conjoint survivant, la déchéance

(1) Proudh., t. I, n° 555 ; Dur., t. III, n° 377 ; Vazeille, t. II, n° 450 ; Demo., t. VI, n° 510. — *Contrà*, Allemand, t. II, n° 1124.

(2) Demo., t. VI, n° 518 ; Aubry et Rau, t. IV, § 550 *bis* ; Proudhon, *loc. cit.*

prononcée par l'art. 1442 contre le père ou la mère mariée sous le régime de communauté, qui, à la dissolution du mariage, n'a point fait l'inventaire exigé par la loi. Nous ne pouvons entrer dans l'examen de toutes les difficultés soulevées par cet article, notamment en ce qui concerne la question du délai (1) : nous ferons seulement deux observations. — La première, c'est que la déchéance encourue ne se borne point à la jouissance de la part de communauté recueillie par le mineur dans la succession du prédécédé : c'est le titre même d'usufruitier légal qui est perdu, et par conséquent tous les biens de l'enfant, ceux même qui lui sont ultérieurement acquis, lui appartiennent désormais en pleine propriété ; les termes de l'art. 1402, aussi bien que les précédents historiques et les travaux préparatoires, ne peuvent laisser aucun doute sur ce point (2). — En second lieu, la disposition de l'art. 1442, étant pénale, doit être strictement interprétée ; si donc il s'agit, soit de biens provenant d'une autre origine que de la communauté dissoute, soit de biens échus aux enfants durant le mariage, aucune déchéance n'est encourue à

(1) Ce point est traité en détail par M. Demolombe, t. VI, nos 371-375. Nous inclinons à penser comme lui qu'aucun délai fatal n'étant écrit dans la loi, l'inventaire peut être fait à une époque quelconque ; mais il faut convenir que l'art. 1442 se trouve ainsi réduit à peu près à l'état de lettre morte.

(2) V. en ce sens, MM. Demo., t. VI, nº 580 ; Proudhon, I, nº 100 ; Allemand, II, nº 1130 ; Marc., t. V, sur l'art. 1442 ; Dem. et Colmet de Santerre, t. VI, sur l'art. 1442 ; Rod. et Pont., t. I, p. 772 ; Bressolles, *Revue de législ.*, 1848, t. II, p. 301. — Toullier seul refuse absolument d'étendre la déchéance à la jouissance des biens acquis à l'enfant après la dissolution de la communauté (t. XIII, nº 8). — Cf. Caen, 8 déc. 1833.

défaut d'inventaire (1) : par la même raison, nous nous refusons à étendre l'article 1442 en dehors du régime de communauté (2); peu importe d'ailleurs que celle-ci soit légale ou conventionnelle.

II. — Nous arrivons à la condition de la mère remariée; et ici, nous commençons par poser le même principe : le droit pour la mère d'élever ses enfants prend sa source dans le droit naturel, aussi la loi civile ne peut-elle le lui enlever que par les motifs les plus graves (3), et l'interprète de la loi n'est-il jamais autorisé à suppléer ses dispositions sur ce point. Nous avons montré déjà en quoi le convol de la mère pouvait compromettre la situation des enfants du premier lit, et comment la puissance maternelle pourrait rarement demeurer indépendante de l'autorité maritale : or, le pouvoir de la mère n'est fondé que sur la présomption de sa tendresse, et celle-ci se trouvera souvent diminuée par le concours, par le conflit peut-être d'affections rivales. — Le législateur n'a point méconnu ce que

(1) Aubry et Rau, t. IV, § 550 *bis*, note 35; Demo., t. VI, n° 570; Dur., t. III, n° 300; — Dijon, 17 janvier 1856.

(2) V. En ce sens, MM. Demo, VI, n° 577; Proudh., t. I, n°s 161-162; Dur., t. III, n° 300; Marc., *loc. cit.*; C. de S., sur l'art. 1442. — M. Pont a exposé avec développement l'opinion contraire dans la *Revue de législation* (t. III, année 1847, p. 37) : toute son argumentation est fondée sur cette proposition. que l'art. 1442 renferme deux dispositions distinctes et n'ayant entre elles aucun lien : or, une lecture attentive du texte suffit au contraire à démontrer que le second paragraphe n'est que la suite et le complément du premier.

(3) *Jura sanguinis nullo jure civili dirimi possunt* (l. 8, D., *De divers. juris. ant. reg.*, L. 17). — V. les motifs d'un arrêt de Poitiers, du 18 février 1811.

demandait une telle situation, et il a pourvu à toutes ses exigences par les mesures les plus sages. L'exercice de la puissance paternelle est laissé à la mère remariée ; jusqu'à preuve du contraire, c'est encore auprès d'elle que les intérêts matériels et moraux de ses enfants seront le mieux sauvegardés. En un mot, la loi ne se montre point défiante *a priori* ; mais elle ne veut point que sa confiance, au cas où elle aurait été mal placée, puisse préjudicier à ceux auxquels protection est due avant tout : aussi, en laissant à la mère remariée l'exercice de la puissance, elle en modifie les attributs, sinon la nature, de manière à rendre tout excès impossible, le jour où la mère serait entraînée à l'oubli de ses devoirs par la perversion de son ancienne tendresse et l'aveuglement de ses affections nouvelles : le ressort du pouvoir paternel n'est point brisé entre ses mains, il est seulement détendu, de façon qu'en conservant toute son efficacité pour ses fins légitimes, il soit sans force le jour où l'on voudrait transformer un pouvoir tutélaire en un instrument d'oppression.

Telles sont les précautions que le législateur a jugées nécessaires, mais aussi qu'il a jugées suffisantes ; dès lors, le pouvoir restreint qu'il confie à la mère doit être reconnu à celle-ci sans aucune réserve : dans les limites que nous aurons à tracer, elle est souveraine, et son droit n'est borné ni par la dernière volonté du père mort, ni par le contrôle du conseil de famille, ni par l'autorité du second mari.

En ce qui concerne le père décédé et le conseil de famille, nous nous sommes déjà suffisamment expliqué : ils ne peuvent avoir aucune action, le premier sur des droits qu'il n'a pas transmis, le second sur des pouvoirs indépendants de la tutelle. Quant au second mari, il faut poser en règle et maintenir fermement qu'il n'est associé en aucune manière à la puissance paternelle sur les enfants du premier lit. — En effet, quel titre pourrait-il invoquer à une autorité quelconque? Son affection? les faits sont là pour établir qu'elle est rarement assez vive pour que la loi puisse s'y fier: son titre d'époux? la mère, en se remariant, s'est bien personnellement placée sous la puissance de son second mari, mais elle n'a pu soumettre à cet étranger les enfants de son premier mariage; les droits qu'elle a reçus de la nature et de la loi comme leur protectrice appartiennent à elle seule, elle n'a pu ni les communiquer, ni les transmettre. Ainsi le beau-père, ne tenant rien du droit naturel, ne peut avoir que ce qui lui est expressément accordé par le législateur; c'est ainsi qu'il est investi de la cotutelle (art. 396); mais, quels que soient à ce titre ses pouvoirs et sa responsabilité, il ne participe jamais qu'aux droits de la tutelle, et nous avons établi que, du vivant de l'un des deux auteurs, celle-ci ne comporte pas en principe l'autorité sur la personne du pupille. En réalité, aucun droit n'est acquis au mari cotuteur : c'est uniquement une gestion dont il partage la responsabilité (1).

(1) Cette théorie, qui nous paraît indiscutable, est solidement établie dans une très-remarquable consultation de M. de Vatisménil, donnée sur l'appel d'un jugement du tribunal de Rennes (21 déc. 1840). — Dalloz, au contraire, reconnaît au mari co-tuteur, en vertu de l'art. 450, une véritable participation à la puissance paternelle : le co-tuteur, dit-il, acquiert *sur la personne des enfants* des droits que la femme ne peut plus lui enlever. — Rien de plus inexact suivant nous; les développements antérieurement donnés nous dispensent d'insister sur ce point.

Mais au moins la mère remariée, seule investie de la puissance, devra-t-elle, pour l'exercer par des actes, se munir de l'autorisation de son second mari ou de la justice?

C'est ce qui est admis dans un jugement longuement motivé du tribunal de Rennes (1) et dans une consultation de Dalloz, qui traitent tous deux la question de principe à propos d'une hypothèse spéciale. Dans la théorie de Dalloz, le droit de la mère se modifie suivant les diverses situations où elle est placée : au cas de convol, elle joint à sa qualité de mère celle de femme mariée; dès lors, elle doit subir dans l'exercice de ses pouvoirs les restrictions qu'elle a volontairement acceptées. L'article 213 est absolu : il pose en principe la dépendance de l'épouse, et l'application n'en peut cesser que par un texte formel.

Suivant nous, jamais doctrine n'a été moins établie, et les arguments se pressent pour la réfuter. Une considération de principe suffirait à elle seule : quelque base que l'on reconnaisse à l'autorité maritale, il est impossible de l'étendre logiquement à l'exercice par la femme de sa puissance maternelle sur les enfants du premier lit; en effet, sur quoi fonder cette autorité? sur la puissance du mari (2)? la personne et les biens de l'épouse peuvent seuls y être soumis; sur la faiblesse de la femme et la nécessité de la protéger? la loi, en lui confiant l'éducation de ses enfants, l'a jugée à la hauteur du plus difficile et du plus sacré des devoirs; sur le besoin d'une gestion unique des intérêts communs? les

(1). V. la note précédente.

(2) C'est le système de Pothier. V. son *Traité de la puissance maritale*.

enfants du premier lit, nul ne le contestera, appartiennent exclusivement à la mère. Quelque système que l'on adopte, cette extension de l'autorité maritale apparaît comme arbitraire, et ici plus qu'ailleurs, il importe de renfermer tous les pouvoirs dans leur sphère légitime. — En ce qui concerne l'article 213, on y voit seulement posée cette règle de droit naturel et de morale, que la femme doit obéissance à son mari : quant aux actes pour lesquels l'autorisation maritale est nécessaire, c'est dans l'article 217 qu'il faut les aller chercher, et l'énumération qui en est faite est limitative. Relativement à ceux par lesquels la femme n'engage ni sa personne, ni ses biens, et qui ne concernent que son devoir maternel, elle est pleinement indépendante ; et loin qu'il faille une disposition spéciale pour l'affranchir de la nécessité de l'autorisation, nous pensons avec M. de Vatisménil qu'il faudrait, au contraire, un texte précis pour l'y soumettre. — Enfin, la mère a deux sortes de devoirs à remplir : ses devoirs d'épouse envers son mari, ses devoirs de mère envers ses enfants : ce qu'elle fait pour s'acquitter de ceux-ci ne saurait préjudicier à l'accomplissement de ceux-là (1) ; comme mère, elle remplit un mandat conféré par le législateur, et dans l'exercice de cette charge publique, elle n'a de conseil à prendre de que son affection et de sa conscience.

— Ainsi, nous tenons pour établi que la puissance

(1) C'est ainsi qu'à Rome le fils de famille en puissance pouvait être tuteur et gérer la tutelle avec une pleine indépendance : *In publicis causis filiusfamilias loco patrisfamilias habetur* (l. 9, D., *de his qui sui vel al. juris*, I, 6) ; — Cf. Instit., I, 14, *princ.*, et loi 14, D, *ad sct. Trebell.*, XXXVI, 1).

paternelle demeure exclusive quant à son attribution et libre dans son exercice entre les mains de la mère remariée. Quant à son étendue, elle comprend tous les attributs qui n'en ont point été distraits par un texte formel. C'est ainsi que la mère a seule droit de consentir au mariage de ses enfants du premier lit (1), et d'attaquer le mariage contracté au mépris de son autorité; de même, elle peut sans autorisation accepter pour ses enfants la donation qui leur est offerte, et même au cours du mariage reconnaître un enfant naturel.

La doctrine est unanime sur toutes ces questions : nul doute également que la mère remariée ne conserve le droit d'émancipation ; ce droit résulte de la puissance paternelle, et lui est attribué indépendamment de la tutelle (2) : seulement, s'il apparaissait que l'émancipation est frauduleuse, et que la mère a compté sur son ascendant pour ressaisir sa jouissance perdue sur les biens de l'enfant, soustraits désormais à la surveillance du tuteur ou du conseil de famille, l'intervention des tribunaux pourrait être provoquée, et la révocation de l'émancipation obtenue (3). — Mais des dissidences se sont produites, relativement à la nécessité de l'autorisation maritale ; c'est à ce propos que sont intervenus le jugement du tribunal de Rennes et les consultations de MM. Dalloz et de Vatisménil dont il a été parlé. Nous n'avons pas à revenir à propos de cette question spéciale

(1) Tous les auteurs sont unanimes sur ce point; V. Toullier, t. II, nos 630 et t. V, no 198; Delv., t. II, p. 262; Dur., t. VIII, no 438; Dalloz, *Jur. gén.*, V, p. 515. no 43; — Cass., 12 avril 1832.

(2) Locré, sur l'art. 477; Delv., t. I, p. 130, note 1; Dur., t. III, p. 630; Proudh., no 252; de Fréminv., t. II, no 1031.

(3) Liége, 6 mai 1808; Colmar, 17 juin 1807; Bordeaux, 14 juillet 1838.

sur la discussion du principe, nous nous bornons à nous y référer (1); rappelons seulement que l'unanimité des auteurs reconnaît la validité de la reconnaissance d'un enfant naturel, faite par la femme au cours du mariage en dehors de toute autorisation; de quel droit dès lors exiger l'intervention du mari pour un acte assurément moins grave, et qui ne saurait jamais être, comme le premier, destructif de la paix et de l'honneur de la famille?

— Il nous reste maintenant à déterminer en quoi les pouvoirs de la mère se trouvent amoindris par son second mariage; nous avons indiqué l'esprit général de la loi en cette matière, les détails n'exigeront pas de bien longs développements.

La mère, par le fait seul du convol, perd deux des attributs les plus importants de la puissance paternelle, le droit de correction et celui de jouissance légale; le premier, parce qu'en fait il serait exercé par le beau-père, auquel ce pouvoir rigoureux ne saurait être confié avec sécurité; — le second, parce que les revenus des enfants

(1) V. sur cette question MM. de Fréminv., t. II, n° 1031; Demo., t. VIII, n° 203. — Les considérants du jugement de Rennes nous paraissent moins concluants encore sur cette question d'application que sur la question de principe. En fait, le tribunal suppose le mari co-tuteur, ce qui constitue une circonstance spéciale; en droit, il méconnaît le caractère de la tutelle, puisqu'il considère que le mari participe à la puissance paternelle, et que la femme ne peut lui enlever par l'émancipation des droits qu'elle lui a librement conférés. Enfin, il invoque cette considération au moins singulière que l'émancipation pourrait porter préjudice au mari co-tuteur en rendan[illegible] compte de tutelle immédiatement exigible : mais un tuteur [illegible] l pas toujours être en état de solder son reliquat? et com[illegible]nt faire dépendre l'émancipation du consentement du second [illegible]ri, ainsi placé entre son intérêt et celui des enfants de sa femme?

du premier lit courraient le risque d'être détournés de leur destination légitime, surtout si le second mariage ne reste point stérile ; et c'est le devoir du législateur de défendre avec le plus de sollicitude ceux que la mort a privés avant le temps de leur protecteur naturel.

Relativement à cette double restriction de la puissance maternelle (1), diverses questions doivent être résolues. — En premier lieu, le droit de la mère est-il rétabli dans son intégrité, après la dissolution du mariage qui en avait amené l'amoindrissement? Les raisons de douter et de décider sont les mêmes dans les deux cas, aussi peut-on s'étonner de voir plusieurs auteurs adopter relativement au droit de correction l'opinion affirmative, et se ranger à l'opinion inverse relativement au droit de jouissance légale (2). Quant à nous, notre solution sera la même dans les deux hypothèses : nous admettons sans distinction que, par le fait du second mariage, l'un et l'autre droit sont irrévocablement perdus. — En effet, les articles 381 et 386, le premier *a contrario*, le second par une disposition directe, déclarent éteint le droit de la mère, et cela sans restriction : ce droit s'était constitué, au profit de la mère survivante, lors de la dissolution du premier mariage; détruit par le convol, il ne

(1) Nous ne voulons pas dire : relativement à cette double *déchéance*, car ce n'est nullement une peine que la loi prononce; c'est seulement une conséquence qu'elle attache au fait du second mariage, très-licite assurément de la part de la mère, mais qui néanmoins modifie notablement sa situation vis-à-vis de ses enfants du premier lit.

(2) On peut citer notamment MM. Proudhon, t. I, nº 144 ; et II, p. 216 ; Vazeille, t. II, nºˢ 425 et 470; Aubry et Rau, t. IV, §§ 550 et 550 *bis*.

pourrait renaître que par une nouvelle constitution écrite dans un texte de loi.

D'ailleurs, relativement au droit d'usufruit, on peut admettre avec Demante (1) que, la mère encourant la perte de sa jouissance par un fait dépendant de sa volonté, ce fait emporte de sa part une renonciation : dès lors il y a droit acquis au profit des enfants du premier lit. Mais, en dehors des textes, on allègue que les motifs de la loi cessent, une fois le second mariage dissous : d'abord, nous pourrions en convenir sans que l'argument que nous tirons des articles du Code perdît rien de sa force; mais, dans la réalité des faits, il n'est nullement exact que la dissolution du second mariage rétablisse toutes choses dans leur état antérieur; les rapports entre la mère et les enfants du premier lit restent toujours plus ou moins faussés, et s'il y a des enfants du second lit, l'influence du second mari lui survivra, plus puissante et plus obéie peut-être que de son vivant. — La lettre et l'esprit de la loi nous semblent donc imposer la solution (2).

Déciderons-nous de même au cas où le second mariage cesse, non plus par la mort du mari, mais par une déclaration de nullité? La solution dépend de cette

(1) T. II, nº 131 *bis*, VI.

(2) V. en ce sens, quant au droit de correction : Dem., t. II, nº 126 *bis*, IV; Demo., t. VI, nºs 323-324; Duc., t. I. nº 356; *Contrà*, Toullier, t. II, nº 1058, Proudhon, t. II, p. 246; Vaz., t. II, nº 425; Marc., t. II, sur l'art. 381; Aubry et Rau, t. IV, § 550; Boistel, *Le droit dans la famille*, p. 314 : — Et quant au droit de jouissance, en notre sens : Dem., t. II, nº 131 *bis* VI; Demo., t. VI, nº 562; Delv., t. I, p. 93, nº 8; Proudhon., t. I, nº 144; Vaz., t. II, nº 470; Dur., t. III, nº 386; Aubry et Rau, t. IV, § 550 *bis*; *Contrà*, Taulier, t. I, p. 496

question de principe; la perte de l'usufruit légal et du droit de correction est-elle un effet civil du second mariage? Ce système est celui de M. Duranton (1); d'où la conclusion que ce qui est nul ne pouvant produire aucun effet, l'extinction des droits de la mère n'a pu résulter d'un mariage contracté au mépris d'un empêchement dirimant. — Nous adoptons sans hésiter l'opinion inverse, et voici nos raisons. En premier lieu, le texte de l'article 381 et surtout de l'article 386 semble bien faire résulter la cessation du droit de correction et de l'usufruit, de la célébration même du second mariage: MM. Demante (2) et Aubry et Rau (3) considèrent qu'il y a là une disposition pénale, or la nullité du mariage n'empêche pas que le fait matériel qui devait entraîner déchéance n'ait été commis par la mère autant qu'il était en elle. MM. Aubry et Rau sont aussi absolus que possible dans cette attribution d'un caractère pénal, notamment à l'article 386; suivant eux, la règle *Quod nullum est nullum producit effectum* ne doit pas plus empêcher l'application de la pénalité édictée par cet article, qu'elle n'empêcherait, au cas d'annulation pour bigamie, la condamnation prononcée aux termes de l'article 340 du Code pénal. Mais si nous admettons la même solution, c'est en nous fondant sur d'autres motifs; en effet, nous nous sommes déjà refusé à voir une déchéance dans cette extinction de certains droits de la puissance paternelle, résultant du convol de la mère survivante; nous n'y avons vu qu'une précaution du législateur, soucieux de parer à des dangers possibles

(1) T. III, no 387.
(2) T. II, no 131 *bis* V.
(3) T. IV, § 550 *bis*, note 31.

et de satisfaire à certaines exigences de fait : or nous trouvons dans cette interprétation de la loi une raison suffisante de nous décider. En effet, si l'annulation du mariage peut suivre de près sa célébration, elle peut aussi n'être prononcée qu'après un long temps, et lorsque la seconde union, nulle en droit, aura en réalité produit tous ses effets : comment admettre dès lors que les droits de la mère lui soient rétroactivement restitués, peut-être après son décès ? — Enfin, à quoi est-on conduit dans le premier système ? Si la perte des droits de correction et d'usufruit est un effet civil du second mariage, il s'ensuit qu'elle sera encourue dans le cas d'un mariage putatif : or, comment admettre qu'une déchéance épargnée à la mère qui a violé sciemment la loi, vienne atteindre celle qui n'a péché que par ignorance ? M. Duranton ne recule pas devant un tel résultat : quant à nous, il nous paraît impossible de rétorquer ainsi contre les époux de bonne foi les articles 201 et 202 écrits en faveur ; le principe est ainsi démontré faux par l'impossibilité de ses conséquences.

Mais nous exceptons avec MM. Demante et Demolombe (1) le cas ou le consentement de la mère lui aurait été arraché par violence ; malgré la généralité des termes de l'article 386, la raison commande trop ouvertement cette réserve pour qu'il soit besoin de la justifier davantage. D'ailleurs, en fait, le rétablissement rétroactif des droits de la mère ne présentera jamais en ce cas qu'un inconvénient minime, l'annulation du mariage étant nécessairement prononcée à bref délai (art. 181).

— Signalons en passant une question examinée par

(1) Dem., *loc. cit.* ; Demo., t. VI, n° 564 ; — cf. Proudhon, t. I, n° 144.

tous les auteurs. La perte de droits résultant du convol est-elle également encourue par la mère non remariée, mais vivant dans une impudicité notoire? Quant au droit de correction, il suffit de s'en remettre au pouvoir réglementaire des tribunaux : c'est pour le droit de jouissance que la question se pose principalement. L'affirmative se fonde sur les souvenirs du droit romain et de l'ancien droit (1), et sur un raisonnement *a fortiori* de la déchéance qui atteint la mère remariée; ce dernier argument se trouve réfuté d'avance, puisque nous nous sommes refusé à reconnaître dans l'article 386 le caractère pénal; d'ailleurs le texte et les motifs de la loi font ici défaut en même temps, l'influence hostile d'un beau-père étant le seul danger contre lequel le législateur ait entendu se prémunir. Quant aux arguments d'analogie qui seraient tirés des articles 444 du Code civil et 335 du Code pénal, ils sont impuissants à autoriser l'extinction d'un droit constitué au profit de la mère par un texte exprès. Enfin une dernière considération nous semble décisive : la déchéance, si déchéance il y a, prononcée par l'article 386, résulte de plein droit de la célébration du second mariage; celle qui atteindra la mère à raison de son indignité ne pourra résulter que d'une décision judiciaire : de là, nécessité d'une enquête, d'un débat contradictoire, d'un jugement motivé ; comment ne pas reculer devant le scandale d'un tel procès, et sur quel texte de loi fonder le droit de l'intenter (2)?

(1) *Non enim aliquid amplius habebit castitate, luxuria* (nov. 30, cap. II, § 1; — cf. l. 7, C., *de revoc. don.* (VIII, 56). — « La garde noble finit pour cause de débauche publique à l'égard d'une gardienne. » (Pothier, cout. d'Orl., *Introd. au titre des fiefs*, n° 340).

(2) En ce sens, MM. Dur., t. III., n° 388; Marc., t. II, sur l'art.

— En outre de l'usufruit légal et du droit de correction, la mère remariée perd le droit de désigner un tuteur testamentaire. Cette proposition peut sembler trop absolue en présence des termes des articles 399 et 400 : en effet, la mère n'est déclarée déchue de son droit qu'au cas où la tutelle lui a été enlevée par une délibération du conseil de famille, ou à défaut de sa convocation, maintenue dans la tutelle, elle peut valablement donner un tuteur à ses enfants du premier lit, moyennant la confirmation du conseil de famille. — Nous n'en maintenons pas moins que le droit de la mère est absolument anéanti ; en effet, ce pouvoir de nommer un tuteur testamentaire, nous l'avons établi, est un attribut de la puissance paternelle ; par suite, il s'exerce souverainement et en dehors de tout contrôle. Or, ce qui reste ici à la mère, c'est la faculté de proposer un candidat au choix du conseil de famille, c'est un droit de présentation, rien de plus : il n'y a plus trace du pouvoir individuel, caractéristique de la puissance paternelle ; c'est bien encore un élément de cette puissance qui se trouve irrévocablement perdu (1).

Cependant le droit de la mère, si restreint qu'il soit, conserve cet effet important d'écarter la tutelle légitime des ascendants : on reconnaît là l'esprit de notre loi, qui, à l'inverse de la loi romaine, restreint autant que possible la dévolution de plein droit des fonctions tuté-

286, VI ; Demo., t. VI, n° 565 ; — Aix, 30 juillet 1813. — *Contrà*, Limoges, 16 juillet 1807, 2 avril 1810, 23 juillet 1824.

(1) Il ne renaît même pas en cas de dissolution ou d'annulation du mariage : nous adoptons ici la même solution que pour les droits de correction et d'usufruit, et par les mêmes motifs.

laires, s'en remettant de préférence au choix éclairé des père et mère ou du conseil de famille.

— Enfin, il est un dernier attribut de la puissance paternelle que le convol de la mère lui fait perdre, nous voulons parler du droit à la tutelle légale. Elle ne peut conserver la gestion du patrimoine de ses enfants que moyennant la confirmation préalable du conseil de famille, et celui-ci est libre de lui préférer un étranger : l'intérêt du mineur attribue seul à la mère un droit de préférence, et elle est désignée au choix du conseil, à peu près comme à Rome elle l'était au choix du magistrat, lorsqu'il s'agissait de la garde du pupille. Maintenue dans la tutelle, il y a pour ainsi dire novation dans l'origine de ses pouvoirs : elle les avait reçus de la loi, elle les tient maintenant de l'assemblée des parents (1); la tutelle était légale, elle est devenue dative.

Mais rappelons ici que les pouvoirs tutélaires sont les seuls dont le conseil de famille puisse ainsi disposer. Tout ce qui tient à la puissance paternelle échappe à son action : lors même que les circonstances les plus graves viendraient se joindre au fait du convol, et que l'intérêt du mineur paraîtrait exiger impérieusement des mesures préventives, nous ne saurions reconnaître au conseil de famille aucun droit de ce genre; peut-être même les tribunaux, auxquels nous attribuons tout pouvoir d'agir par voie de répression, ne pourraient-ils légitimement suspendre la mère de l'exercice

(1) La mère redevenue veuve ne recouvre pas son droit à la tutelle légitime. Lors même qu'elle aurait conservé indûment la tutelle pendant toute la durée de son second mariage, la mort de son second mari ne saurait convertir à cet égard le fait en droit (Dem., t. I, n° 144 *bis* III.)

de son autorité sur de simples soupçons. Il en était autrement dans l'ancien droit, et la raison en est aisée à comprendre : c'est que le convol faisait perdre à la mère le droit d'éducation ; le juge qui procédait à la nomination d'un tuteur, décidait en même temps, sur l'avis de parents, à qui la garde devait être attribuée : aussi, dès que la mère était suspecte à quelque titre, elle était écartée par une mesure discrétionnaire. Aujourd'hui, il y a droit acquis au profit de la mère, et en présence des articles 203 et 372 du Code civil, elle n'en peut être dépouillée que par une décision fondée, ou sur un texte spécial de la loi, ou sur des faits constatés et de nature à motiver une déchéance.

Quant aux différences établies par la loi entre le père et la mère tuteurs légaux, et spécialement quant à la cotutelle du second mari, nous n'avons point à en parler ; le droit à la tutelle légitime est un attribut de la puissance paternelle, et nous l'avons signalé en cette qualité : le titre de cette étude ne nous impose rien de plus.

CHAPITRE III

La loi, dans la détermination des droits de la puissance paternelle et dans le règlement de son exercice, a eu nécessairement en vue la situation normale et régulière de la famille; c'est ainsi que nous avons étudié la répartition des pouvoirs, d'abord du vivant des deux époux, puis après le décès de l'un d'eux : le législateur, au titre *de la Puissance paternelle*, n'avait pas à prévoir d'autre éventualité. Cependant, il est des cas nombreux où le système ainsi organisé peut se trouver en défaut : plus d'une fois, à la suite d'un accident naturel ou d'une déchéance légale, une incapacité de fait ou de droit atteindra le chef de la famille; or son pouvoir ne lui appartient pas en propre, comme la tutelle romaine aux agnats : il n'est dans la famille que le mandataire de la société, et toute autorité lui doit être retirée, dès que l'exécution du mandat social se trouve compromise entre des mains incapables ou indignes. Tels sont les cas où le père est absent, frappé d'interdiction légale ou judiciaire, déchu aux termes des articles 334 et 335 du Code pénal, enfin civiquement dégradé; nous réservons pour la traiter à part l'hypothèse de la séparation de corps. Hormis le cas d'absence, le texte de la loi nous fera presque partout défaut : aussi devrons-nous, dans l'attribution nouvelle de la puissance domestique, nous attacher plus étroitement que jamais aux principes, en les pliant dans l'application à toutes les exigences des faits.

Tout d'abord, il faut distinguer suivant que l'autorité

est définitivement enlevée au père, ou suivant qu'il en est provisoirement suspendu.

La déchéance est irrévocable dans un cas unique, que nous allons immédiatement examiner; c'est celui de l'article 335 du Code pénal : le père coupable d'avoir attenté aux mœurs de ses enfants est privé des droits et avantages à lui attribués sur leur personne et sur leurs biens par le titre *de la Puissance paternelle*. La déchéance est définitive; ce point résulte suffisamment du texte : mais est-elle absolue? la loi, en se référant au titre IX du Code civil, ne s'est-elle plus souvenue que d'autres attributs de la puissance paternelle se trouvaient établis par des textes épars? ou bien doit-on prendre à la lettre ce renvoi limitatif, et conserver au père à toute éventualité le droit d'émanciper ses enfants (art. 477), le droit de consentir à leur mariage ou à leur adoption (art. 148 et 346)? Le premier système est sans aucun doute le mieux fondé en raison, et probablement le plus conforme à l'esprit de la loi ; aussi MM. Valette et Dalloz l'adoptent-ils sans restriction (1) ; mais il s'agit ici d'une disposition pénale, qui doit être restrictivement appliquée, et les termes de l'article 335 imposent cette solution limitative. De même, nous sommes contraints de limiter la déchéance encourue par le père à la personne et aux biens de l'enfant directement atteint par le délit (2); et cependant une telle décision va à l'encontre

(1) V. MM. Val. sur Proudh., t. II, p. 351, note a; Dalloz, *Jur. gén.*, v° *Puiss. pat.*, n° 69.

(2) MM. Duranton (t. III, n° 384) et Taulier (t. I, p. 492), ont seuls essayé de soutenir l'opinion inverse : l'opposition entre les alinéas 1 et 2 de l'art. 335, et les termes respectifs de ce dernier ne laissent place à aucun doute.

de la logique et de la morale, en même temps qu'elle compromet les intérêts les plus graves, ceux que la loi doit avoir le plus à cœur de sauvegarder.

Dans cette situation, quels vont être les droits de la mère? Nous appliquons simplement l'article 372 : l'autorité lui appartient au même titre qu'au père, et elle prend de droit l'exercice enlevé à celui-ci. Mais nous distinguons comme précédemment, parmi les attributs de la puissance paternelle, ceux qui ont trait à la personne et ceux qui sont relatifs aux biens : ces derniers, nous le répétons, ne sont conférés au père que par un texte spécial, et lorsqu'ils cessent en sa personne, rien ne nous autorise à les transférer à la mère. Ainsi, l'usufruit légal s'éteint au profit de l'enfant, pour renaître d'ailleurs au cas de survivance de la mère. Quant à l'administration légale, nous ne pouvons que nous référer à la théorie générale que nous avons admise plus haut, et qui est celle de Demante (1) : la gestion des biens de ses enfants mineurs est un droit, ou plutôt un devoir exclusif du père; en lui seul la loi trouve une intelligence assez ferme, une assez grande expérience des affaires pour lui confier individuellement un mandat qui partout ailleurs est collectif; les mêmes garanties ne se trouvent pas dans la personne de la mère, et le texte même de l'article 389, non moins que son esprit, se refuse à toute extension. Il y a donc lieu à l'organisation d'une tutelle, qui sera dative, puisque dans le silence de la loi il ne peut y avoir de tutelle légitime.

Tel est le système qui résulte des textes; mais il est aisé de voir à quels déplorables résultats il aboutit.

(1) V. *Suprà*, p. 130.

Ainsi, parmi les enfants du même père et de la même mère, les uns continueront d'être soumis à l'autorité paternelle, qui n'existera plus sur les autres : la garde et l'éducation seront partagées, et quant au droit de correction, c'est tantôt le père, tantôt la mère au service de qui la puissance publique devra être mise. Bien plus, relativement au même enfant, l'exercice du pouvoir est divisé : la garde est confiée à la mère, avec tous les droits qui s'y rattachent ; c'est elle qui fixera la résidence de l'enfant, qui dirigera son éducation religieuse, qui présidera au choix de sa carrière : et cependant le père pourra toujours déjouer les précautions du législateur par une émancipation ; la mère verra s'échapper de ses mains sans pouvoir les retenir les droits qu'elle exerçait pour le plus grand bien de l'enfant, et elle se trouvera désarmée le jour où les mauvaises passions de celui-ci, favorisées par une criminelle influence, l'amèneront à quelque mariage déshonorant auquel le père s'empressera de consentir. D'ailleurs, si aucune séparation de corps n'est intervenue, la puissance maritale survit à la condamnation : dès lors, quelle sera la situation de la femme, chargée d'une mission dont l'accomplissement exige avant tout une indépendance absolue ? Ou la déchéance du père sera purement nominale, ou la famille sera déchirée par de perpétuels conflits : dans les deux cas, l'intérêt des enfants est sacrifié (1). Telle est la loi : mais s'il est interdit de la méconnaître, il est permis d'en souhaiter le changement.

(1) Cependant, en fait, ces dangers pourront être atténués par l'intervention des tribunaux, dont le pouvoir discrétionnaire se motive ici mieux que jamais.

— Dans tous les autres cas où l'autorité est remise à la mère, ce déplacement de pouvoir n'est ou peut n'être que temporaire : absent, le père peut reparaître ; interdit, il peut revenir à la raison ou recouvrer ses droits après sa peine subie : dès lors, nous nous trouvons en présence d'intérêts multiples qu'il faut autant que possible concilier. Le premier est celui du père lui-même : c'est en lui, en réalité, que continue de résider la puissance ; l'exercice lui en est enlevé à raison de quelque empêchement de fait (1), mais, l'obstacle disparu, il sera remis en pleine possession de son autorité : la mère n'exerce à proprement parler qu'une délégation, et elle ne doit point attenter par des actes irrévocables au droit exclusif que le chef de la famille peut d'un jour à l'autre recouvrer. — Mais les enfants aussi ont leurs droits, et qui même priment les droits du père, puisque ceux-ci ont été constitués uniquement comme garantie de ceux-là : la loi les a soumis à l'autorité paternelle comme à la plus efficace des protections, et ce n'est dans aucun autre but que le consentement du père est absolument exigé pour les actes les plus importants concernant le mineur. Cette protection à laquelle a droit l'enfant doit toujours être effective : notamment, si son intérêt évident exige son émancipation ou son mariage, il faut qu'en toute occurence il puisse obtenir un consentement valable, et que jamais la disparition ou la démence de son père ne lui soit opposée comme une fin de non recevoir. Selon nous, c'est dans l'appréciation prudente des tribunaux que se trou-

(1) Nous établirons en effet que la dégradation civique et l'interdiction elle-même n'entraînent de droit aucune déchéance de la puissance paternelle.

vera la meilleure sauvegarde de tous les droits, et c'est en ce sens que nous résoudrons les questions de détail.

— Le premier cas que nous ayons à examiner est celui de l'absence du père : c'est le seul que le Code ait expressément prévu, encore verrons-nous que son laconisme laisse place à bien des difficultés.

Considérons d'abord le cas d'absence présumée. Voici en quels termes dispose l'article 141.

« Si le père a disparu laissant des enfants mineurs issus d'un commun mariage, la mère en aura la surveillance, et elle exercera tous les droits du mari quant à leur éducation et à l'administration de leurs biens. »

Ce qui ressort avant tout du texte de cet article, c'est ce caractère de délégation attribué au pouvoir de la mère : ce n'est point une tutelle dont elle est investie (1), les articles 389 et 390, non moins que l'article 141 lui-même, ne laissent aucun doute sur ce point ; ce n'est pas davantage un droit propre fondé sur l'article 372 : le mari conserve son autorité, seulement la femme l'exerce à sa place en vertu d'une procuration légale (2). Voyons quelle est exactement l'étendue de ce mandat : 1° — relativement à la personne des enfants ; 2° — relativement à leurs biens.

1° — En fait comme en droit, le gouvernement de la personne et la direction de l'éducation des enfants ne peuvent, le père disparu, appartenir qu'à la mère ; il ne saurait y avoir de difficulté sur ce point. Cependant, le mariage continuant d'exister légalement, ceux qui au-

(1) V. cependant Proudh., t. I, p. 306.
(2) Dem., t. I, n° 181 *bis* I; Marc., sur l'art. 141, II.

ront à traiter avec les mineurs pourront hésiter ou se refuser à reconnaître chez la femme de semblables pouvoirs : dans ce cas, bien que la présomption d'absence n'ait pas besoin d'être constatée par un jugement spécial, il faudra faire intervenir une décision judiciaire devant laquelle céderont les scrupules ou la mauvaise volonté des tiers. Mais les deux questions les plus intéressantes que nous ayons à résoudre concernent le droit de correction et le consentement au mariage ou à l'émancipation.

— Le droit de correction appartient incontestablement à la mère, mais avec quelle étendue? Pourra-t-elle l'exercer par voie de réquisition sans l'avis des plus proches parents paternels, ou même par voie d'autorité dans les cas où le père aurait ce pouvoir? A première vue, les termes de l'article 141 paraissent susceptibles de s'entendre en ce sens; mais en réalité, une telle interprétation confond le droit avec son mode d'exercice, et les motifs de la loi la repoussent ouvertement : la défiance du législateur, en effet, ne se justifie pas moins en cas d'absence qu'en cas de prédécès du mari, et l'article 141 a pour complément naturel l'article 381, évidemment applicable à toutes les hypothèses où le droit de correction est exercé par la mère (1).

— Puisque nous attribuons ici à son autorité le caractère d'une délégation, nous ne pouvons lui reconconnaître que les droits qui lui sont expressément conférés : or, la loi lui confie uniquement la *surveillance* de ses enfants; il en faut conclure qu'elle n'a pas qualité pour consentir seule à leur mariage, et cette réserve se

(1) Dem., t. nº 181 *bis* III; Demo., t. II, nº 313.

justifie d'autant mieux que l'extinction de l'usufruit paternel en doit résulter nécessairement. Mais, comme nous l'avons dit, l'absence du père ne saurait constituer au mariage de ses enfants un obstacle absolu : la mère est sans pouvoir aux termes de l'article 141, mais elle peut efficacement invoquer l'article 149 ; le consentement de l'un des deux auteurs suffit, si l'autre est mort ou dans l'impossibilité de manifester sa volonté. Cette impossibilité, dans l'espèce, résultera de l'absence constatée par les tribunaux, et l'intervention de la justice, dont nous avons en thèse générale établi la légitimité, semble ici directement autorisée par le premier article du titre de l'absence (1). — Le consentement de la mère, déclaré suffisant pour le mariage par une décision judiciaire, suffira également à valider les conventions matrimoniales de l'enfant mineur.

Ainsi, le mariage est possible en droit : en fait, la mère pourra-t-elle le faciliter par la constitution d'une dot ? Bien entendu, la question ne se pose que relativement aux biens de l'absent et aux biens de la communauté. Quant à ces derniers, nous pensons avec M. Demolombe (2) que le droit dont il s'agit est expressément reconnu à la mère, moyennant l'autorisation de justice, par l'article 1427 ; en vain on alléguerait que cet ar-

(1) L'article 112 n'établit le pouvoir des tribunaux que relativement aux bien, mais nous n'en sommes pas moins autorisés à en tirer pour notre hypothèse un argument *a pari* et même *a fortiori*. Contre ce système, on invoque l'art. 155, d'où il semble résulter qu'il ne peut être passé outre à la célébration du mariage qu'au cas où l'enfant n'avait besoin que du seul conseil de l'ascendant disparu ; mais cet argument prouverait beaucoup trop, l'art. 155 étant également applicable au cas d'absence déclarée.

(2) T. II, n° 315.

ticle, attribuant à la femme commune des droits exceptionnels et disposant d'ailleurs en termes restrictifs, doit être limité dans son application au cas de l'absence déclarée, puisqu'alors seulement l'incertitude de l'existence est légalement reconnue : nous pensons au contraire que les pouvoirs exclusifs d'administration et de disposition conférés au mari sur les biens de communauté, supposent une situation de fait régulière et normale; le mari disparu, la femme devient son suppléant naturel, et telle est la portée de l'article 1427. D'ailleurs, l'établissement des enfants est une dette de communauté (1), et les ayant-droit, à défaut du mari, doivent pouvoir s'adresser à la femme pour en obtenir l'acquittement.

Quant aux biens propres du mari, il semble difficile de reconnaître à la mère le droit d'en disposer ainsi, même avec l'autorisation du tribunal, à qui l'art. 112 ne donne pouvoir que pour les actes d'administration les plus urgents. Cependant un argument d'analogie très-puissant se tire de l'article 511 (2) et des pouvoirs tout exceptionnels qu'il attribue au conseil de famille en vue du mariage de l'enfant d'un interdit; l'esprit de cet article ne se restreint nullement à l'hypothèse spéciale qu'il prévoit, et notre conclusion, en définitive, est celle-ci : l'enfant, dans la pensée de la loi, a sur les

(1) La preuve, c'est que le mari a dans cette unique hypothèse le droit d'aliéner à titre gratuit l'universalité ou une quotité des meubles, et les immeubles de la communauté (art. 1422).

(2) Art. 511 : « Lorsqu'il sera question du mariage de l'enfant d'un interdit, la dot, ou l'avancement d'hoirie, et les autres conventions matrimoniales, seront réglés par un avis du conseil de famille, homologué par le tribunal sur les conclusions du procureur du Roi. »

biens paternels un droit certain, garanti par la réserve, et partiellement exigible lors de son établissement par mariage (1); l'absence du père ne doit pas mettre obstacle à l'exercice de ce droit. Seulement, toutes les précautions doivent être prises pour que la constitution de dot ne dépasse pas les intentions probables du père; ainsi l'on doit exiger l'intervention du tribunal et la communication au ministère public : et de plus, dans notre opinion, puisqu'il s'agit uniquement d'un avancement d'hoirie, le don ne pourra jamais être fait avec dispense de rapport (2).

— En ce qui concerne l'émancipation, nous déciderons de même que pour le mariage : nous ne fonderons point le pouvoir de la mère sur l'article 141, l'exercice de la puissance paternelle ne pouvant aller jusqu'au droit de l'anéantir, mais sur l'article 477, dont les termes, *à défaut du père*, nous paraissent comprendre très-légitimement le cas d'absence présumée. Mais ici, l'autorisation des tribunaux devra être donnée avec plus de circonspection que jamais, l'intérêt de l'enfant étant en général beaucoup moins pressant lorsqu'il s'agit d'une émancipation que lorsqu'il s'agit d'un mariage (3).

(1) C'est ce qui nous paraît résulter du texte de l'art. 511, où il est question d'*avancement d'hoirie*. — D'ailleurs, quand nous parlons d'exigibilité, il ne s'agit en aucune façon d'un droit civilement sanctionné, l'art. 204 repousse absolument toute prétention de ce genre; mais, à nos yeux, la constitution d'une dot n'en est pas moins une obligation naturelle, dont on doit supposer jusqu'à preuve contraire que le père ne refusera pas l'acquittement.

(2) La solution que nous admettons relativement à la constitution de dot a été appliquée par la cour d'Amiens à un établissement autrement que par mariage (arrêt du 6 août 1824).

(3) Le plus souvent, l'utilité de l'émancipation sera d'habiliter le mineur à faire le commerce.

D'ailleurs, cet intérêt une fois bien constaté, l'émancipation sera valablement prononcée aux conditions ordinaires et produira tous ses effets, notamment l'extinction de la jouissance légale : l'âge de 18 ans n'est exigé chez le mineur que dans les cas où le consentement du conseil de famille est nécessaire, et quant au système qui admet l'émancipation dès l'âge de 15 ans, mais avec survivance de l'usufruit paternel, il nous paraît contre toute espèce de droit séparer l'effet de la cause (1).

En ce qui concerne l'opposition au mariage, le droit d'agir en nullité, et le consentement à l'adoption ou à la tutelle officieuse, nos solutions sont identiques.

— Reste une question délicate : la mère, venant à mourir avant l'absence déclarée du mari, a-t-elle le droit de nommer à ses enfants un tuteur testamentaire ? Le texte de l'article 397 est certainement peu favorable à l'opinion affirmative, puisqu'il ne reconnaît le droit en question qu'au dernier mourant des deux auteurs, et dans l'espèce, le décès du père n'est ni prouvé, ni même présumé : aussi pensons-nous qu'en droit strict, il faut s'en tenir à la négative (2). Cependant, il est impossible de méconnaître combien le système contraire est favorable : il tient compte de la probabilité du décès du père, présumable en fait, sinon présumé en droit ; il prévient toute translation de pouvoirs au moment de déclaration d'absence ; enfin il évite ce résultat choquant d'un étranger préféré peut-être par

(1) En ce sens, v. MM. Demo., t. II, no 316 ; Dem., t. I, no 181 *bis* IV ; Val. sur Proudh., p. 306, note. — *Contrà*, Marc., sur l'art. 143, IV.

(2) MM. Oudot et Zachariæ sont les seuls à notre connaissance qui admettent le droit de nomination de l'époux présent.

le conseil de famille au tuteur testamentaire, qui de droit commun donne l'exclusion même à l'ascendant (art. 142 et 402 combinés). Ces considérations doivent-elles prévaloir contre le texte de l'article 397? la majorité des interprètes ne l'a point pensé.

II° — Quant aux biens, la mère a d'abord l'administration légale; l'article 141 la lui délègue en termes formels, et le soin que la loi prend ici de s'en expliquer confirme l'induction que nous avons tirée de son silence dans tous les autres cas. C'est le droit du père qu'elle exerce; par conséquent, sa gestion est libre, et affranchie de la nécessité d'une autorisation. Proudhon l'a contesté (1), mais contre toute espèce de raison: outre qu'en fait l'administration de la mère serait rendue impossible, s'il lui fallait recourir à la justice pour en valider tous les actes, l'incapacité de la femme mariée ne s'étend pas nécessairement aux actes de gestion (2), et n'existe d'ailleurs que dans ses rapports avec son mari; elle en est pleinement affranchie dès qu'il s'agit de remplir un mandat contractuel ou légal (art. 1990). Rien d'étonnant dès lors qu'elle puisse faire pour ses enfants des actes qui ne lui sont interdits à elle-même que par le régime auquel elle s'est soumise (3). Quant aux actes de disposition, ses pouvoirs ne sont ni plus étendus, ni moindres que ceux du père, soit que l'on applique ici à l'administration légale les règles de l'administration tutélaire, soit que l'on se contente, comme

(1) T. I, p. 309.

(2) V. art. 217, 223, 1449, 1536, 1576.

(3) Marc., sur l'art. 142, III; Demo., 317; Dem., t. I, n 181 *bis*, I.

à Paris, de faire intervenir l'autorité de la chambre du conseil.

En ce qui touche l'usufruit légal, nous n'hésitons pas, l'absence étant seulement présumée, à en refuser le bénéfice à la mère (1). Nous appliquons ici encore ce que nous avons dit tant de fois : la jouissance légale n'est pas l'émolument de la puissance exercée, c'est un droit à part, régi par des règles particulières quant à sa constitution et à son extinction ; et hors le cas de décès prouvé du mari, aucun texte ne l'attribue à la mère. Spécialement, l'article 141 ne parle que de l'administration des biens, et en conservant au père, par prétérition, le droit de jouissance légale, il n'a rien que de conforme aux principes généraux de la présomption d'absence, tous les droits de la personne disparue demeurant intacts, et la loi veillant seulement à ce que ses intérêts abandonnés ne restent pas en souffrance.

Mais au moins, l'absence une fois déclarée, l'effet rétroactif en pourra-t-il être invoqué par la mère, dans le but de se faire attribuer les fruits perçus au nom du mari pendant la présomption d'absence? Cette idée paraît naturelle : Demante, cependant, est d'un avis contraire, et laisse dans la masse des biens, pour les comprendre dans l'envoi en possession accordé aux héritiers présomptifs, les fruits perçus au nom de l'absent présumé ; en un mot, il applique ici, comme dans le cas de l'article 138, le principe d'acquisition par la possession de bonne foi (2). Ce système, très-acceptable en

(1) En ce sens, Demo., t. II, n° 318 ; Dem., t. I, n° 181 *bis* I. — *Contrà*, Delv., t. I, p. 48, note ; Dur. t. I, n° 521 ; Marc., sur l'art. 141, II.

(2). V. *Cours analyt.*, t. I, n° 181 *bis* II et 182 *bis* VII ; M. Oudot incline à la même opinion. — *Contrà*, Proudh., t. I, p. 341.

droit, nous [illegible]arait offrir l'avantage d'éviter des règlements de compte compliqués et féconds en procès.

— Tel est le système du Code, tel qu'il nous paraît résulter des articles 141 et 143 ; on a vu combien de difficultés, dans le silence de la loi, doivent se résoudre par l'interprétation : il en reste une dernière, la plus considérable de toutes ; le chapitre du titre *des Absents* relatif à la surveillance des enfants est-il limité au cas de présomption d'absence, ou s'applique-t-il encore à l'absence déclarée ? — En principe, nous n'hésitons pas à répondre négativement, et M. Duranton (1) est, à notre connaissance, le seul partisan de l'affirmative absolue. Si la distinction entre la déclaration et la présomption d'absence ne se trouve pas expressément formulée dans la loi, elle résulte suffisamment de l'économie des articles 141 à 143 : une induction concluante peut se tirer de ces mots de l'article 142, *avant que l'absence ait été déclarée*, et l'expression *surveillance* semble bien caractériser une mesure provisoire. Aussi l'ouverture de la tutelle par la déclaration d'absence n'est-elle guère douteuse (2).

Mais cette solution est-elle absolue et applicable à tous les cas ? On peut citer en faveur de cette opinion des auteurs considérables (3) ; néanmoins, elle nous paraît, dans une hypothèse spéciale, méconnaître un des principes fondamentaux de la théorie de l'absence : c'est-à-dire, au cas où les époux sont communs en

(1) T. I, n° 517.

(2) V. notamment MM. Demo., t. II, n° 335-336 ; Marc., sur l'art. 143, V ; Aubry et Rau, t. I, § 160, note 8.

(3) Entre autres, MM. Val. sur Proudh., t. I, p. 314 ; Demo., *loc. cit.*, Delv., t. I, 2ᵉ partie, p. 85 ; Dalloz, *Jur. gén.*, v° *Absence*, n° 556.

biens, l'effet suspensif de l'option du conjoint présent pour la continuation de la communauté (1). Voici, sur ce point, quelle est notre théorie. — L'absence compromet des intérêts nombreux, ceux de l'absent en première ligne, ceux de sa famille, ceux de toute personne ayant des droits subordonnés à la condition de son décès; tant que la disparition est encore récente et le retour possible, sinon probable, il est pourvu aux nécessités de la situation par des expédients momentanés, et pour ainsi dire au jour le jour. Mais les années s'écoulant sans ramener l'absent, la loi, qui jusqu'alors avait évité de s'immiscer dans ses affaires, se décide à intervenir plus efficacement, et organise un système d'ensemble dont la formule est connue : l'absence déclarée, l'on prend à titre provisoire toutes les mesures qui seraient définitives, si la mort était certaine. Telle est la règle; mais il y est dérogé dans un cas spécial: entre tous les intéressés, l'époux commun en biens occupe une place à part, par la complication et la multiplicité des droits subordonnés pour lui, soit à la survie, soit au décès de l'absent ; par suite, la dissolution anticipée de la communauté pourrait lui causer un préjudice irréparable, auquel ne saurait se comparer l'inconvénient d'un plus long délai suspendant l'exercice de tous les autres droits. Tel paraît être du moins le point de vue du Code : de là cette faculté exorbitante accordée au conjoint, de retarder, non pas la présomp-

(1) Il est un cas encore où la déclaration d'absence n'ouvre pas la tutelle : c'est le cas où l'époux de l'absent déclaré est lui-même en état d'absence présumée : et en effet, on ne peut accorder à la déclaration d'absence plus d'effet qu'à la mort (Dalloz, *loc. cit.*, n° 370).

tion de décès (1), mais le moment où cette présomption semble au législateur nécessiter le règlement des droits de chacun. Ainsi, l'option du conjoint a un effet absolu, et nous n'hésitons pas à l'étendre avec Demante aux dispositions concernant la surveillance des enfants mineurs. — En conséquence, si la communauté est maintenue, la mère conservera jusqu'au retour de l'absent, jusqu'à son décès prouvé, ou jusqu'à l'envoi en possession définitif, les pouvoirs délégués dont nous avons précisé l'étendue. Que si au contraire la communauté est provisoirement dissoute, il faudra procéder à l'organisation d'une tutelle, qui sera légitime ou dative suivant les distinctions ordinaires, et la mère exercera les pouvoirs que nous avons attribués à la veuve non remariée : mais nous exigerons l'intervention de la justice pour tous les actes qui nécessitent le consentement du père présent, et qui sont de nature à porter atteinte irréparable au pouvoir que l'absent peut encore reprendre un jour en main (2).

Voilà ce que nous avions à dire de l'absence : quant aux autres cas où le père est incapable ou déchu de l'exercice du pouvoir paternel, nous les règlerons brièvement par la simple application des principes.

— La première hypothèse qui se présente à nous est celle de l'interdiction judiciaire du mari. Nul doute que dans ce cas la mère ne prenne en vertu de son droit propre la garde de ses enfants mineurs, et n'ait sur

(1) Ainsi, la communauté ne serait nullement autorisée à recueillir, du chef de l'absent, les droits éventuels dont l'échéance est subordonnée à son existence lors de l'ouverture (Dem., t. I, nº 162 *bis*, I).

(2) Dem., t. I, nº 170 *bis*.

leur personne les mêmes droits qu'en cas de veuvage ; sauf toujours l'intervention des tribunaux, chargés de protéger les droits du père, en vue de son retour éventuel à la raison, contre des atteintes qui ne seraient pas nécessitées par l'impérieux intérêt des enfants. Quant aux biens, il est certain que la mère n'a point l'usufruit légal : l'émolument continue d'en appartenir au père interdit, et ce résultat, incontestable en droit, n'a rien de choquant en raison. En ce qui touche la gestion, nous avons dit les motifs qui ne nous permettent point d'attribuer à la mère l'administration légale ; il y a donc lieu à l'organisation d'une tutelle dative : en fait, dit M. Oudot (1), le conseil de famille du mari nommera la femme tutrice du mari, le conseil de famille des enfants la nommera tutrice des enfants.

Nous appliquerons les mêmes solutions au cas d'admission du père non interdit dans un établissement public ou privé d'aliénés : c'est là, en effet, depuis la loi du 30 juin 1838, un empêchement légal qui autorise la mère à prendre en main l'exercice de la puissance paternelle ; le certificat constatant l'internement du mari lui servira de titre.

4. — Quant à la dégradation civique et à l'interdiction légale, nos solutions seront toutes commandées, par l'adage *pœnalia non sunt extendenda*. Or, en nous référant aux textes, nous ne voyons pas que l'article 34 du Code pénal, qui énumère les effets de la dégradation civique, prononce aucune déchéance relative à la puissance paternelle : à peine pourrait-il y avoir doute en ce qui concerne le droit d'administration, la dégradation civi-

(1) *Du droit de famille*, p. 327.

que entraînant incapacité de faire partie d'aucun conseil de famille et d'être tuteur, curateur, subrogé-tuteur ou membre d'un conseil judiciaire : mais nous n'avons qu'à rappeler la différence essentielle qui sépare l'autorité tutélaire de la puissance paternelle, pour maintenir qu'aucun argument d'analogie n'est possible de l'un à l'autre. D'ailleurs, le principe que les peines ne s'appliquent pas par extension doit être ici maintenu avec d'autant plus de rigueur, que la dégradation civique est une peine perpétuelle, sauf le cas très-rare d'une réhabilitation, et que toutes les déchéances que l'on y rattachera devront nécessairement présenter le même caractère (1).

Cette considération ne s'applique pas à l'interdiction légale, encourue seulement pendant la durée de la peine; néanmoins, des arguments d'une autre nature commandent la même solution. L'interdiction légale est sans doute une peine, et c'est à ce titre que l'interdit est rendu incapable de toucher aucune portion de ses revenus (art. 31, C. P); mais elle apparaît en même temps comme une protection pour le condamné, hors d'état, pendant la durée de sa peine, de pourvoir à l'administration de ses biens (2). Protéger la fortune de l'interdit, tout en prévenant les abus et les dangers qu'entraînerait la libre disposition de ses revenus laissée entre ses mains, tel est le double but de l'interdiction légale ; elle touche donc uniquement aux intérêts et aux droits pécu-

(1) Demo., t. VI, nº 363.

(2) Art. 29, C. p. — Tel est si bien le point de vue de la loi, que l'interdiction légale n'est point prononcée contre le banni, pour lequel cette impossibilité du fait n'existe pas.

niaires du condamné, et nous ne voyons pas comment elle pourrait être étendue aux droits de la puissance paternelle. Sans doute, une incapacité matérielle atteindra le père incarcéré, et l'exercice de l'autorité passera nécessairement à la mère; mais celle-ci sera purement un subrogé de fait, et ne se prévaudra d'aucun droit en son propre nom. Cependant, le but même que nous avons assigné à l'interdiction légale nous permet d'abandonner notre solution dans ce qu'elle aurait de trop absolu; le père incapable d'administrer sa propre fortune ne saurait être davantage en état de gérer celle de ses enfants : or les intérêts des innocents ne peuvent être moins protégés que ceux du coupable. Il y aura donc lieu, dans notre système, à l'organisation d'une tutelle provisoire, les pouvoirs du tuteur étant limités à la durée de la peine, et cessant de droit dès qu'elle aura pris fin.

Reste le cas de la séparation de corps, qui a été réservé pour être traité à part. La principale difficulté que nous devions rencontrer ici est celle qui se présente toujours en cette matière : il s'agit de savoir jusqu'à quel point les dispositions écrites pour le divorce sont applicables à la séparation de corps.

Que la séparation soit de nature à entraîner des modifications dans l'attribution de l'autorité domestique, c'est ce qui est évident *a priori*, et abstraction faite des textes. Nous avons observé bien des fois que le pouvoir exclusif du père appelle et suppose le contrôle effectif et assidu de la mère, et que l'affection conjugale est la meilleure garantie du bon exercice de la puissance paternelle. Dès lors, que vont devenir les enfants à la suite d'un procès en séparation de corps? La famille est déchirée, le foyer déserté, profané peut-être; témoins déjà des divisions et des torts de conduite qui ont abouti à un scandale public, vont-ils rester légalement livrés aux pires influences et aux plus détestables exemples? — Personne ne saurait l'admettre; et en l'absence même de toute disposition légale, ce serait ici le cas ou jamais d'invoquer le pouvoir régulateur des tribunaux; si nous avons admis leur intervention, à l'encontre du texte formel de l'article 373, alors que la vie commune était maintenue et le lien conjugal intact, à plus forte raison l'appellerons-nous quand toutes les garanties sur lesquelles la loi comptait viennent à manquer à la fois.

Venons maintenant aux textes. Partant de ce principe, que l'enfant doit être protégé avant tout, nous n'hésitons pas à faire application à la séparation de corps de l'article 267; au cours de l'instance, le tribunal, sur la demande soit de la mère, soit de la famille, soit du ministère public, pourra enlever au père défendeur ou même demandeur la garde de l'enfant, et l'attribuer à la mère ou à un tiers. Ce pouvoir doit même être reconnu, dans le cas d'urgence, au président statuant seul (1).

Avant la loi du 8 mai 1816, l'article 302, le divorce prononcé, statuait dans les termes suivants :

« Les enfants seront confiés à l'époux qui a obtenu le divorce, à moins que le tribunal, sur la demande de la

(1) M. de Belleyme, *Ord. sur référés*, t. I, p. 64, reconnait ce droit au président dans tous les cas : mais cette prétention est contredite par le texte formel de l'art. 267, et l'historique de sa rédaction montre que le pouvoir dont il s'agit fut attribué avec intention au tribunal tout entier (V. Fenet, t. XI, p. 340).

famille, ou du ministère public, n'ordonne, pour le plus grand avantage des enfants, que tous ou quelques-uns d'entre eux seront confiés aux soins, soit de l'autre époux, soit d'une tierce personne. »

L'article 303, dans tous les cas, reconnaissait aux père et mère le droit respectif de surveiller l'entretien et l'éducation de leurs enfants. Enfin l'article 386 déclarait déchu de son droit à l'usufruit légal l'époux contre lequel avait été prononcé le divorce. — Les mêmes dispositions sont-elles applicables à la séparation de corps?

Occupons-nous d'abord de la personne des enfants. Sur l'article 302, une vive controverse s'est élevée, et toutes les opinions à peu près ont été soutenues, depuis la jurisprudence de quelques arrêts qui, dans les premiers temps de la publication du Code, repoussaient toute extension de l'article 302 et maintenaient au père la garde des enfants comme un droit absolu (1), jusqu'à la doctrine diamétralement opposée de M. Demolombe et des arrêts les plus récents. Parmi les opinions intermédiaires, il suffit de citer celles de Demante et de MM. Aubry et Rau, le premier reconnaissant le pouvoir général des tribunaux comme un tempérament nécessaire aux dispositions du titre *de la Puissance paternelle*, et appelant son intervention dans l'espèce, les seconds appliquant l'article 302 sous cette double réserve que la garde ne peut être enlevée au père qui a obtenu la séparation, et lui peut être déférée au contraire quand la séparation a été prononcée contre lui (2).

(1) Liège, 25 août 1809.

(2) Dem., t. II, n° 31 *bis*; Aubry et Rau, t. IV, § 494, texte et note 10.

Pour nous, la question a peu d'intérêt, et il n'y a pas lieu d'admettre ni de repousser absolument l'extension de l'article 302; à nos yeux, cet article n'est que l'application au cas du divorce de la théorie générale sous-entendue partout dans la loi, et qui régira également, *mutatis mutandis*, le cas de la séparation de corps. Ainsi, nous ne pensons pas qu'il y ait lieu d'argumenter des termes stricts de l'article 302, et nous ne saurions admettre la doctrine d'un arrêt de Montpellier (1) qui attribue nécessairement la garde des enfants à l'époux qui a obtenu la séparation, à défaut d'une demande formelle de la famille ou du ministère public. Notre doctrine, en définitive, est celle de Demante : le mariage n'étant point dissous par la séparation, la prérogative du père subsiste; mais les tribunaux ont un pouvoir discrétionnaire, et il est évident que les motifs qui ont dicté l'article 302 porteront en général les juges à donner la préférence à l'époux qui obtient la séparation : seulement, il faudra que leur jugement contienne à cet égard une disposition formelle, sans quoi, l'on reste purement et simplement sous l'empire de l'article 373 (2).

Quant à l'étendue de la déchéance encourue par le

(1) 4 février 1835.

(2) Dem., *loc. cit.* — Telle paraît bien être également la doctrine qui domine en jurisprudence : les tribunaux, dans certains cas, ont égard à l'intérêt même des époux, et c'est ainsi que la cour de Bruxelles a confié à la mère demanderesse en séparation la garde de sa fille, dont les soins étaient nécessaires à sa santé (7 août 1822). Ce qu'il y a de certain, c'est que les juges ne sont nullement tenus de suivre dans l'attribution de la garde une règle uniforme et de confier par exemple les garçons au père, les filles à la mère (Paris, 11 décembre 1821); — les enfants peuvent même être confiés alternativement aux deux parents (Req., 13 févr. 1822).

père, MM. Marcadé et Demolombe la limitent strictement à la garde, la loi, suivant eux, ayant simplement voulu soustraire l'enfant à de mauvais exemples (1). Nous admettons cette opinion en principe, mais sous réserve des droits accessoires que l'attribution de la garde nous paraît conférer à la mère, et qui ne laissent pas de faire échec à la souveraineté de l'autorité paternelle. A cet égard, nous ne pouvons que nous référer aux développements donnés dans notre premier chapitre.

Pour les attributs de la puissance paternelle relatifs aux biens, la difficulté est beaucoup moindre. En ce qui concerne l'usufruit, l'article 386 n'en prononce l'extinction que pour le cas de divorce, et les auteurs sont à peu près unanimes à restreindre cette déchéance au cas spécial pour lequel elle a été prononcée (2); rien dans le texte ni dans les motifs de la loi n'en autorise l'extension à la séparation de corps. En effet, par la séparation, le lien conjugal, brisé dans le cas du divorce, est seulement relâché, et le vœu de la loi est qu'un rapprochement des époux puisse lui rendre un jour toute sa force. Dans ce but, elle n'attache à la séparation aucun effet irrévocable; la dissolution même de la com-

(1) Marc., sur l'art. 302, n° III; Demo., t. IV, n° 511, et t. VI, nos 404 et suiv.; — cf. Dalloz, *Jur. gén.* v° *Séparation de corps*, n° 334: — *Contra*, Delvincourt, d'après lequel, si c'est à la mère que les enfants sont confiés, la puissance paternelle ne peut être exercée que du commun consentement des époux : si c'est à un tiers, il faudra en outre le consentement du tiers.

(2) Delvincourt est le seul auteur, à notre connaissance, qui étende l'article 386 au cas de séparation de corps : dans son opinion, cette extinction profite aux enfants, la femme n'en pouvant recueillir le bénéfice du vivant de son mari (I, p. 97, note 9).

munauté n'est que provisoire, malgré les complications qui doivent résulter de son rétablissement rétroactif. Dès lors, l'extinction de la jouissance légale ne peut avoir été dans l'intention du législateur, car le droit une fois perdu ne saurait revivre par la réconciliation.

Quant à l'administration légale, il ne nous paraît pas moins certain que le père la conserve avec les mêmes pouvoirs qu'avant la séparation intervenue, sauf les mesures qui pourraient être ultérieurement nécessitées par l'infidélité de sa gestion. Ce point est d'ailleurs incontestable quant aux biens dont il conserve l'usufruit : seul, Delvincourt confère les pouvoirs et impose les obligations de la tutelle à la mère ou au tiers chargé de la garde de l'enfant. D'après une théorie qui lui est spéciale, l'administration de la personne entraîne celle des biens, *tutor datur personæ, rebus vero per consequentias*, et il en conclut que la personne à laquelle est confié l'enfant aux termes de l'article 302, se trouve *ipso facto* investie de la tutelle. Nous ne savons où l'auteur a pris cette idée d'une connexité nécessaire établie entre le soin de la personne et la gestion des biens; un tel principe n'appartient ni au droit romain, ni au droit français, et nous ne pensons pas que le système auquel il sert de base ait besoin d'autre réfutation (1).

Nous n'avons pas à nous occuper du cas où la garde

(1) Delv., t. I, p. 87, note 2 — L'art. 390, dit encore Delvincourt, n'a prescrit de mesures pour la tutelle des enfants que dans les cas de dissolution du mariage par la mort naturelle ou civile de l'un des époux : ce qui prouve que ce qui est relatif au cas de séparation est déjà réglé par d'autres articles, lesquels ne peuvent être que les art. 302 et 303. — Cet argument nous paraît se réduire à une pure pétition de principe.

des enfants est laissé au père demandeur ou défendeur en séparation. Bornons-nous à observer que la mère conserve un droit de surveillance, quelque opinion que l'on adopte d'ailleurs en ce qui touche l'extension de l'article 303 à la séparation de corps. Seulement, les tribunaux ne devront accueillir ses dénonciations qu'avec une extrême réserve, et n'y donner suite qu'à bon escient, l'affection maternelle pouvant ici servir de masque à des rancunes conjugales que la justice doit se garder de servir.

SECONDE PARTIE

De la puissance maternelle sur les enfants naturels (1).

Le but des rédacteurs du Code, en écrivant le titre IX, était de réorganiser la famille, en y restaurant le principe d'autorité. Les travaux préparatoires montrent clairement cette intention du législateur, et cette simple observation suffit peut-être à expliquer pourquoi un seul article du titre *de la Puissance paternelle* est consacré aux enfants naturels. En effet, ni le droit romain ni l'ancien droit ne reconnaissaient de famille aux enfants nés hors mariage. A Rome, les *spurii* ou même les *liberi naturales* naissaient *sui juris*, et quant aux coutumes, tel était l'état d'abandon où étaient laissés les bâtards, qu'ils avaient le roi seul pour protecteur et pour héritier (2). Les rédacteurs du Code, bien qu'ils s'en défendent, durent nécessairement subir l'influence de la double législation à laquelle ils étaient forcés de puiser. Ainsi s'explique l'absence d'un régime d'ensemble en ce qui concerne la puissance paternelle sur les enfants naturels.

(1) Tout droit s'exerçant en vertu d'un titre sur lequel il est fondé, il ne peut s'agir ici que des enfants naturels reconnus.

(2) Au moins en général, et à défaut de descendance légitime : il fallait la réunion de plusieurs conditions spéciales pour que leur succession allât au seigneur (V. Poth., *Succ.*, ch. I, sect. II, § 3).

Ceux-ci, cependant, n'ont pas moins de droits que les enfants légitimes à l'éducation et à l'instruction; innocents de la faiblesse ou de la faute qui les a appelés à la vie, destitués de la protection et de l'appui que donne la famille légitime, ils sont à un double titre créanciers de leurs parents, et puisqu'il leur faudra se suffire à eux-mêmes, les père et mère doivent leur en fournir les moyens (1). Ainsi, au droit des enfants correspond l'obligation des parents, et la puissance paternelle, n'étant que le moyen d'accomplissement du devoir d'éducation, existe nécessairement sur les enfants naturels.

— Mais, en ce cas, la nature et l'étendue en seront-elles les mêmes que dans la famille légitime? C'est là une question capitale qui doit être avant tout résolue.

Sauf les accidents de fait ou de droit, la situation des enfants dans la famille légitime est toujours la même : la loi considère qu'une sécurité absolue résulte pour eux de l'union indissoluble de leurs auteurs, et, statuant en vue de la coexistence des deux puissances paternelle et maritale, elle donne à un problème dont les éléments sont constants une solution immuable; la constitution de la famille, telle que le Code l'organise, est réputée par une sorte de présomption légale donner satisfaction à tous les intérêts; dès lors, l'ordre public en demande le maintien, et les conventions particulières n'y sauraient déroger. — Tout autre est la situation dans le cas de filiation naturelle; ici, les garanties que la loi trouvait dans la vie commune des deux auteurs

(1) « Plus la condition sociale où les enfants vont entrer sera fâcheuse, plus les auteurs de leurs jours ont le devoir étroit et sacré de se dévouer à leur éducation. » (Oudot, liv. III, t. II, ch. I.)

disparaissent toujours en droit, et le plus souvent en fait; la situation se présente sous les aspects les plus divers, et s'il est possible que l'enfant naturel, en venant au monde, trouve auprès de son berceau un père et une mère comprenant leur devoir et disposés à le remplir, le plus souvent sa naissance sera tout autrement accueillie. Rarement une union irrégulière retient quelque chose de la dignité du mariage; né du caprice ou de l'égarement des sens, l'enfant naturel est pour le père, à le supposer connu, un fardeau gênant, pour la mère un embarras ou un remords, parfois prévenu par un crime. Dès lors, comment organiser *a priori* une théorie de la puissance paternelle? Comment trouver une formule applicable à tous les cas? Et puisque l'intérêt de l'enfant est l'origine et la mesure de l'autorité des parents, comment déterminer celle-ci autrement qu'en fait, et en tenant compte des nécessités de chaque situation? Là se trouve peut-être l'explication et l'excuse du silence gardé par le Code. Ainsi la puissance paternelle, toujours identique à elle-même, en tant qu'elle porte sur les enfants légitimes, n'a plus rien de fixe que son principe, quand il s'agit des enfants naturels; les tribunaux, juges des circonstances, décideront de son attribution avec un pouvoir souverain, et devront même reconnaître la validité de conventions privées intervenues à cet égard, si le maintien en doit être à l'avantage de l'enfant (1). Ce qui est d'ordre public ici, c'est l'existence même du pouvoir et non son mode d'exercice, que la loi n'a pu régler à l'avance.

(1) En ce sens, MM. Dur., t. III, n° 360; Val. sur Prudh., t. II, p. 248, note a; Demo., t. VI, n° 623; — Caen, 27 août 1828; Amiens, 12 août 1837.

Quant aux attributs du pouvoir ainsi défini, il nous suffira, pour les déterminer, de nous référer à une distinction faite à plusieurs reprises entre les droits relatifs à la personne et les droits relatifs aux biens. Les premiers sont de l'essence de la puissance paternelle et doivent être reconnus aux parents naturels : la loi leur confère expressément le droit de correction (art. 383), nous verrons avec quelle étendue, le droit de consentir au mariage de leurs enfants (art. 158) et celui de l'attaquer, s'il a été contracté sans leur autorisation (art. 182 et 158 combinés). Par induction de ces dispositions, et surtout par application de notre principe, nous n'hésitons pas à leur attribuer le droit d'éducation (1), sans lequel le droit de correction n'aurait aucune raison d'être, et le droit d'émancipation. De même, l'enfant naturel ne pourra, sans leur consentement, se donner en adoption, entrer dans les ordres sacrés ou prononcer des vœux (2).

Pour ce qui est des biens, ni l'usufruit ni l'administration légale n'appartiennent, dans notre opinion, aux parents naturels. En ce qui concerne l'usufruit, les auteurs sont à peu près unanimes, et en effet, aucun doute ne saurait subsister en présence des termes de l'article 384, la jouissance légale n'étant attribuée qu'au père *durant le mariage* et au survivant des époux ; le renvoi limitatif de l'article 383 et sa place même sont

(1) Demo., t. VI, nos 618-620.

(2) Il faut ajouter à cette énumération, le droit d'accepter une donation, au nom de l'enfant naturel, et celui d'attaquer le mariage entaché de nullité absolue ; — V. Aubry et Rau, t. IV, § 571. — Il y a controverse relativement au droit de nommer un tuteur testamentaire.

d'ailleurs concluants. Veut-on une preuve plus directe encore? Un des articles du projet portait : « Les articles du présent titre, seront communs aux père et mère des enfants naturels légalement reconnus » (1) ; cette rédaction fut restreinte dans les termes de l'article 383 actuel, précisément dans le but d'enlever aux parents naturels le droit d'usufruit. Cette solution est admise même par les auteurs qui attribuent, comme MM. Oudot et Marcadé, un caractère rémunératoire à la jouissance légale. « Le concubinage, dit M. Oudot (2), ne doit pas profiter à ceux qui s'y livrent, en leur attribuant par mesure compensatoire ce qui reste des revenus de l'enfant après que les dépenses d'éducation et d'instruction ont été prélevées. » Seuls, Loiseau et Dalloz se refusent à l'évidence (3). — Quant à l'administration légale, la solution ne nous paraît pas moins certaine ; la gestion des biens des enfants mineurs est attribuée au père par l'article 389 (4) dans les mêmes termes que l'usufruit légal par l'article 384 ; l'argument de texte est donc également concluant dans les deux cas. D'ailleurs, l'administration n'est jamais remise aux mains du père que pendant la durée du mariage ; dès que la mort a mis fin à la surveillance maternelle, la tutelle s'ouvre au même instant, avec la sûreté de l'hypothèque légale et l'adjonction du conseil de famille : admettra-t-on que ce contrôle efficace et permanent de la mère, condition *sine qua non* de la gestion paternelle,

(1) Locré, *législ. civ.*, t. VII, p. 14.
(2) *Loc. cit.*
(3) Loiseau, *Traité des enfants naturels*, p. 550; Dalloz, *Jur. gén.*, vº *Puiss.*, *pat.*, nº 196.
(4) Rapprochez l'article 390, *initio*.

puisse être réalisée en dehors du mariage? Et la loi n'a-t-elle pas été sage, à défaut de la sécurité inhérente à l'union légitime, d'exiger les garanties effectives de l'administration tutélaire (1)? — En résumé, nous adoptons dans ses termes le système de MM. Aubry et Rau, c'est-à-dire que nous accordons strictement aux parents naturels les droits corrélatifs aux devoirs qui leur incombent (2).

— Mais à qui doit appartenir l'ex ·rcice de cette puissance ainsi délimitée? La question ne peut évidemment se poser qu'autant qu'une reconnaissance est intervenue de la part des deux auteurs (3); autrement, celui-là seul qui a reconnu l'enfant peut être légalement tenu de devoirs et investi de droits. Si la reconnaissance, comme il arrive le plus souvent, est émanée de la mère, l'autorité lui appartiendra sans partage dans les limites que nous avons fixées; et nous pourrions nous borner à ce renvoi, si nous n'avions à préciser deux questions de détail.

— En premier lieu, quelle est exactement l'étendue du droit de correction aux mains de la mère naturelle? La difficulté naît du texte de l'article 383, qui déclare les articles 376 à 379 communs aux père *et mère* des enfants naturels légalement reconnus : faut-il considérer ce renvoi comme conférant un droit égal aux deux auteurs, ou bien faut-il l'appliquer distributivement,

(3) MM. Aubry et Rau, *loc. cit.*; Marc., sur l'art. 380; Dalloz, *loc. cit.*; Dem., t. II, n° 138 *bis* 1.

(4) Aubry et Rau, t. IV, § 571, note 7.

(5) Bien entendu la reconnaissance judiciaire doit être assimilée à la reconnaissance volontaire, sauf les mesures que les tribunaux peuvent juger à propos de prendre dans le premier cas.

et avec les mêmes distinctions que dans la famille légitime? Dans la première opinion, la mère pourra ordonner la détention dans tous les cas où la voie d'autorité serait ouverte au père : dans la seconde, elle ne pourra jamais que la requérir; quant à la condition du concours des deux plus proches parents paternels, elle sera remplie par équivalent. — De même, la mère naturelle perd-elle son droit de correction en contractant mariage? Les deux questions sont connexes, et les éléments de leur solution identiques.

Le premier système paraît bizarre au premier abord, en ce sens qu'il attribue à la mère naturelle des droits plus étendus qu'à la mère légitime; il est cependant admis par des auteurs éminents auxquels les raisons ne manquent pas pour justifier cette différence (1). Leur système, en premier lieu, invoque le texte de l'art. 373, et son renvoi limitatif à des articles où il n'est question que du père; d'où cette conclusion, que le droit de la mère naturelle est modelé sur celui du père légitime: d'ailleurs, un tel résultat n'a rien de choquant en logique ni en morale; l'autorité que la mère tient ici de la nature est moindre, à raison de l'illégitimité de son titre; elle n'a d'ailleurs d'appui, ni dans le séducteur qui l'a abandonnée, ni dans sa propre famille; il faut donc que sa puissance légale soit augmentée d'autant, et que cette forte discipline prévienne un danger social, en réprimant dès l'origine les révoltes auxquelles l'enfant naturel est souvent incité par le malheur même de sa naissance. — Néanmoins, l'opinion inverse nous

(1) En ce sens, Proudh., t. I, p. 248-249; Dur., t. III, n° 360; Allemand, t. II, n° 1080; — Paris, 13 janvier 1822.

paraît mieux fondée : toute l'argumentation que nous venons d'exposer s'appuie sur le texte de l'article 383 strictement interprété ; or on sait quel est l'historique de sa rédaction, et comment un renvoi d'abord illimité fut restreint de façon à exclure le droit des parents naturels à l'usufruit légal : on peut donc regarder comme téméraire un système uniquement fondé sur ses termes. Il vaut mieux faire prévaloir l'esprit évident de la loi, et placer par analogie la mère naturelle dans la même situation que la mère légitime : ainsi, l'un et l'autre ne pourront jamais agir par voie de réquisition, la seule que la nature plus impressionnable de leur sexe permette de leur ouvrir; de même, la mère naturelle perdra son droit en épousant un autre que le père de son enfant (1) (art. 381 argu.) : quant à l'adjonction de deux parents paternels, il faut bien l'en dispenser, faute de possibilité d'exécuter cette condition (2). Restent les considérations invoquées en faveur du premier système : à notre sens, elles sont plus spécieuses que solides ; en admettant même que l'enfant naturel doive, dans un intéret social, être soumis à une énergique discipline, il n'en résulte pas que l'exercice de ce pouvoir ne puisse être confié qu'à la mère, et l'intervention du président du tribunal ne fait qu'offrir une sûreté de plus : le droit de la mère n'est point énervé par là ; dans ses limites légitimes, il sera toujours reconnu et sanctionné,

(1) Le défaut de renvoi de l'art. 383 à l'art. 381 s'explique ici par cette simple remarque, que le renvoi ne pouvait être fait par la seule citation du chiffre de l'article, le mot *remarié* ne pouvant s'appliquer grammaticalement à la mère naturelle mariée à un autre que le père de l'enfant.

(2) On pourra cependant appeler deux membres du conseil de famille, si l'enfant en a un : mais ce sera là un cas exceptionnel.

l'excès seul en est rendu impossible. Il est vrai que le pouvoir de correction va cesser absolument dans le cas du mariage de la mère : mais, outre que cette hypothèse, par un motif qui se conçoit de lui-même, n'est pas de nature à se présenter fréquemment, nous préférons cet inconvénient au danger contraire : en effet, l'article 381 s'applique absolument, ou point, et le système qui conserve à la mère mariée le droit de correction doit logiquement le lui maintenir dans toute son étendue; la voie même d'autorité doit rester ouverte. Est-il besoin d'insister sur l'impossibilité d'un tel résultat? Et si le convol de la mère légitime met la loi en défiance, pense-t-on que celle-ci ait moins à redouter les sentiments du mari pour l'enfant naturel de sa femme (1)?

— La seconde question est relative à la gestion des biens. Dès que l'enfant possède une fortune en propre, on a vu qu'une tutelle doit être organisée : mais sera-t-elle légitime ou dative? Les auteurs et les arrêts sont divisés sur ce point. Un premier système admet la dévo-

(1) En ce sens, MM. Demo., t. VI, n° 615, Dem., t. II, n° 128 *bis* IX-X; Marc., sur l'art. 383, III; Dalloz. *Jur. gén.*, *loc. cit.*; Oudot, 1re partie, liv. III, tit. 2, ch. 3. — Nous écartons absolument le système de M. Ducaurroy, qui applique dans ses termes l'art. 383, sauf les garanties assurées par l'art. 382 à l'enfant qui a des biens personnels ou exerce un état. — Un dernier système refuse absolument le droit de correction à la mère naturelle même non mariée, faute de l'adjonction de parents paternels; on ajoute que l'art. 383, en parlant des père et mère réunis, renvoie à des articles où il n'est question que des droits du père, d'où il suit que la mère agissant seule ne peut avoir aucun droit. Nous nous référons, pour toute réfutation, aux considérations générales présentées plus haut relativement à la constitution de la puissance paternelle sur les enfants naturels.

lution de la tutelle à la mère naturelle, en invoquant le texte de l'article 405; aux termes de cet article, c'est uniquement lorsque l'enfant mineur et non émancipé reste sans père ni mère, qu'il y a lieu à la nomination d'un tuteur par le conseil de famille : de là un argument en forme. D'ailleurs, quoi de plus naturel que l'attribution du pouvoir tutélaire à la mère investie déjà de la puissance paternelle? La tutelle, à la supposer dative, ne lui sera-t-elle pas en fait toujours déférée par le conseil de famille? Dès lors, pourquoi la réduire à tenir d'une réunion d'étrangers des droits qui lui seront avec bien plus de convenance conférés par la loi elle-même (1)?

Cependant, le système contraire est généralement admis, et avec raison. La tutelle légale ne peut exister en dehors d'un texte de loi : or, l'article 405 que l'on invoque ne statue nullement sur la question; l'hypothèse qu'il a en vue est celle où l'enfant mineur reste sans père ni mère *tuteurs légitimes :* c'est alors qu'il organise une tutelle dative, et tel est précisément le cas dans lequel nous nous trouvons, car l'article 390, qui règle seul l'établissement de la tutelle légale, ne s'applique de toute évidence qu'aux enfants légitimes (2). D'ailleurs, le motif de la loi se comprend aisément : autre chose est la puissance paternelle, autre chose la

(1) V. Delv., t. I, p. 103, n° 1; Vazeille, t. II, n° 478 et suiv.; Dalloz, *Jur. gén.*, V° *Minorité, tutelle et émancipation*, n° 380. — Aubry et Rau admettent la même opinion, sans la motiver autrement que par un rapprochement des articles 468 et 383 (t. IV, § 571, texte et note 4) :— cf. Bruxelles, 12 fév. 1811; Colmar, 24 mai 1813; Grenoble, 21 juillet 1836.

(2) Argument des mots *après la dissolution du mariage.*

tutelle, nous l'avons maintes fois observé; et dans l'espèce, la sécurité de la personne du mineur ne garantit nullement la sécurité de ses biens : ensuite, la probité de la mère fût-elle au-dessus du soupçon, la question de capacité se pose à son tour; rien d'étonnant dès lors que la loi, plutôt que de reconnaître à la mère un droit *à priori*, ait préféré s'en remettre à la décision d'un conseil assemblé à cet effet (1).

Reste une question de détail : le mariage entraîne-t-il pour la mère naturelle investie de la tutelle les mêmes obligations que le convol pour la mère légitime? L'affirmative nous paraît s'imposer dans la théorie qui défère à la mère naturelle la tutelle légale; et même avec notre système, c'est l'opinion qui nous paraît la plus plausible, bien que le texte de la loi nous fasse ici défaut; mais ses motifs s'appliquent, et même *a fortiori*, et la protection du mineur ne saurait être trop efficacement assurée (2). En conséquence, la mère avant de contracter mariage devra, selon nous, se faire confirmer dans la tutelle par le conseil de famille, qui lui donnera nécessairement son mari pour cotuteur : faute de quoi, elle perdra la tutelle de plein droit, et son mari sera solidairement responsable de toutes les suites de l'administration indûment conservée (art. 395 et 396).

Arrivons maintenant à l'hypothèse où les deux auteurs ont reconnu l'enfant : l'un et l'autre ayant alors des

(1) Demo., t. VIII, nº 385; Dem., t. II, nº 138 *bis*, à la note; Dur., III, nº 431; Val. sur Proudh., t. II, p. 400; Marc. sur l'art. 390, II; — Paris, 19 août 1811; Amiens, 23 juillet 1814; Grenoble, 5 avril 1819.

(2) Cf. cass., 28 mai 1815.

droits et des devoirs égaux, que faut-il décider touchant l'exercice de la puissance paternelle? Le père naturel aura-t-il la prééminence attribuée par l'article 373 au père légitime? telle est à vrai dire la seule question que nous ayons à résoudre en principe et dans ses applications. — Mais avant tout, il ne faut pas se méprendre sur sa portée; l'importance en paraît capitale; en réalité elle se réduit presque à rien. En effet, les auteurs mêmes qui admettent la prépondérance paternelle sont d'accord pour reconnaître aux tribunaux le pouvoir discrétionnaire le plus étendu; dès que l'intérêt de l'enfant semble l'exiger, la prérogative du père sera mise à néant, et c'est par de tout autres considérations que la justice se déterminera. La question est donc posée et discutée pour l'honneur des principes; nous n'en devons pas moins rapidement l'examiner.

Il est incontestable qu'une reconnaissance étant intervenue de la part des deux auteurs, des textes formels semblent rattacher plus étroitement l'enfant naturel à son père, et conférer à celui-ci un pouvoir prééminent. C'est au père que l'enfant emprunte son nom et sa nationalité, le seul consentement du père rendra son mariage possible malgré l'opposition maternelle, enfin, dans l'opinion générale, l'article 477, qui n'attribue que subsidiairement à la mère le pouvoir d'émanciper, est applicable à la filiation naturelle. Cela étant, les articles 158 et 477 ne doivent-ils pas être considérés comme des applications d'un principe plus général sous-entendu et présupposé, et qui n'est autre que la préférence donnée au père dans l'exercice de toute autorité paternelle (1)?

(1) En ce sens, MM. Demo., t. VI, n° 620; Marc., sur l'art. 383, II; Aubry et Rau, t. IV, § 550, note 8.

— On pourrait sans grand inconvénient pratique adopter cette manière de voir; cependant nous doutons qu'elle soit exacte. Tout d'abord, l'argument d'analogie tiré de l'article 158, qui est formel, et de l'article 477, qui l'est beaucoup moins, apparaît comme peu concluant : comme le remarque très-bien Demante, le père peut être considéré comme le meilleur juge d'un projet de mariage; mais est-on autorisé à en induire son aptitude absolue à diriger l'éducation physique et morale de l'enfant? D'ailleurs, au raisonnement *a pari* des articles 158 et 477, nous opposerons avec plus de raison l'argument *a contrario* de l'article 373, dont les termes formels n'attribuent au père un droit supérieur que pendant le mariage : au reste, le motif de cette disposition est connu, et nos anciens auteurs le donnent expressément (1); il se trouve principalement dans l'autorité maritale dont le père est investi, et dans la nécessité de réunir tous les pouvoirs entre les mains du chef de la famille. Tel est bien le point de vue du Code, et si l'on en veut une preuve directe, il suffit de se référer à l'article 302, qui dispose pour le cas du divorce : la prépondérance paternelle cesse absolument avec le mariage, et l'avantage des enfants est seul considéré par la loi et par la justice statuant sur l'attribution de la garde : « Si tel est le système de la loi, dit M. Oudot, à l'égard d'un père ou d'une mère qui ont cessé de vivre en ménage légitime, n'est-il pas raisonnable de l'appliquer à un père et à une mère qui n'ont point commencé à vivre en ménage légitime? L'argument de la destruction à l'inexistence,

(1) V. *Suprà*, p. 123, note 2.

de la fin au défaut de commencement, n'est-il pas convaincant (2) ? »

Mais alors, quelle sera en fait la situation ? L'enfant, comme l'objecte Marcadé, va-t-il donc avoir deux chefs, revêtus chacun en particulier d'un pouvoir égal et parallèle, et dont l'un pourra défendre ce que l'autre aura commandé ? Un tel résultat, il faut en convenir, serait inadmissible; mais le danger est ici dans les mots plutôt que dans les choses, et il est facile de s'en convaincre. Deux situations, en effet, peuvent se présenter. En premier lieu, si les parents naturels vivent maritalement ensemble, cette existence commune en dehors de tout lien légal pourra s'expliquer quelquefois par l'habitude; mais elle suppose bien plutôt une affection persistante dans son irrégularité, et une sollicitude commune pour les enfants nés de ce concubinat, au sens romain du mot : dans ce *matrimonium inæquale*, auquel correspond assez bien notre expression de *faux ménage*, la prépondérance du père s'établira naturellement, abstraction faite de tout droit légal (1), et les conflits ne seront pas à craindre. Mais dans le plus grand nombre des cas, la naissance de l'enfant naturel n'a été qu'un accident, et le commerce prolongé de ses auteurs ne lui offre point la chance d'une légitimation ultérieure : ici, l'on ne doit pas compter sur l'entente des parents, séparés souvent par l'inégalité profonde de l'éducation et de la naissance; donc, à défaut d'une indifférence ou d'un accord tacite qui laisserait le fait

(1) V. MM. Oudot, liv. III, tit. II, ch. 1, sect. 1; Dem., t. II; nº 128 *bis* II; Delv., t. I, p. 93, note 11; Toullier, t. II, nº 1070; Dur., t. III, nº 360 : Vazeille, t. II, nº 474.

(2) Cf. M. Valette sur Proudh., t. II, p. 218, note a.

de la possession déterminer entre le père et la mère le gardien légal, l'intervention de la justice sera nécessaire : mais pense-t-on qu'elle puisse être évitée dans le système adverse ? A quoi bon dès lors reconnaître au père une prééminence théorique, pour l'anéantir l'instant d'après devant le pouvoir souverain des tribunaux ?

Nous n'avons plus qu'à faire application de ce principe au droit spécial de correction ; et ici, le texte du Code vient pleinement confirmer notre théorie. Aux termes de l'article 383, c'est *aux père et mère* des enfants naturels reconnus que ce droit est attribué (1) ; n'en peut-on pas conclure, sans faire violence au texte, que la loi demande ici le concours des deux auteurs, surtout si l'on observe avec Demante que les motifs qui s'opposent en général à l'action en commun n'ont point d'application à l'acte déterminé dont il s'agit, la loi elle-même soumettant le droit de la mère survivante au concours de deux parents paternels ? Que si, en cas de conflit antérieur sur lequel il a fallu statuer, le tribunal a désigné l'un des deux auteurs pour exercer seul la puissance paternelle, le pouvoir de requérir l'incarcération appartiendra exclusivement à celui-ci, mais sous réserve du droit pour l'autre d'être consulté et entendu (art. 303, argu.). Quant à l'étendue du droit de correction dans ce cas, nous appliquerons l'article 383 dans ses termes, si l'exercice en appartient au père : si c'est la mère qui en est investie, nous nous

(1) Nous avons examiné plus haut les questions que le renvoi limitatif de l'article 383 soulève quant au droit de la mère : l'examen des autres controverses sur ce texte ne rentre pas dans notre sujet.

référons à ce que nous avons dit plus haut, relativement aux restrictions que l'esprit de la loi nous paraît imposer (1).

— En ce qui concerne les biens de l'enfant naturel, le système admis plus haut écarte toute difficulté ; puisque nous ne reconnaissons l'existence d'aucune tutelle légale, la question de la prééminence du père ne se pose pas ; le conseil de famille composé d'amis des père et mère, ou, dans l'opinion de quelques auteurs, nommé par le tribunal, désignera le tuteur suivant les circonstances, et souvent à l'exclusion du père comme de la mère, l'un et l'autre également suspects.

Quant aux enfants adultérins et incestueux, nous n'avons rien à en dire : la loi ne s'en occupe que pour assurer strictement leur existence matérielle ; pour le reste, elle s'en remet aux sentiments naturels qui survivent jusque dans le crime, et à la pudeur des familles, intéressées à étouffer le souvenir de leur déshonneur.

(1) Sur l'ensemble du système, v. en notre faveur MM. Dem. t. II, n° 128 *bis*, III-X ; Oudot, liv. III, t. II, ch. 1-3 ;—*Contrà*, Demo., t. VI, nos 635 et suiv. : joignez les autorités qu'il cite dans les deux sens.

POSITIONS.

DROIT ROMAIN.

I. — Dans le système des lois caducaires, la *solidi capacitas* n'était acquise à la mère que moyennant l'obtention du *jus liberorum*. (V. p. 59-60.)

II. — Le *jus liberorum* ne donnait pas à la femme le *ius caduca vindicandi*. (V. p. 61.)

III. — Les lois 3, au code Théodosien, *de jure liberorum*, et 2, au Code de Justinien, *eodem titulo*, peuvent se concilier. (V. p. 94.)

IV. — Malgré les termes absolus du § 3, liv, III, *de sct. Tertyll.*, aux Institutes, et de la loi 10, au Digeste, *de suis et legit.*, la mère, seule en concours avec le père dans la succession d'un enfant *sui juris*, n'était pas exclue dans tous les cas par le père.

V. — Même dans l'ancien droit romain, la fille de famille pouvait s'obliger comme le fils.

DROIT FRANÇAIS.

I. — En pays de droit écrit et avant la loi du 28 août 1792. la présence et le consentement du père au mariage de son fils non émancipé le rendaient subsidiairement responsable de la dot et de l'augment stipulés au profit de sa bru. La loi du 28 août 1792 n'a pas éteint cette responsabilité.

II. — Le père qui abjure durant le mariage, a droit, nonobstant l'opposition de la mère, de faire élever ses enfants mineurs dans sa nouvelle religion (p. 125).

III. — La clause par laquelle le mari s'engagerait dans son contrat à laisser à la femme la direction de l'éducation religieuse des enfants à naître du mariage est nulle : toutefois, la violation de cet engagement pourrait motiver une demande en séparation de corps (p. 127).

IV. — La mère qui n'a pas été consultée pour le mariage de son fils, dans les cas où son consentement était requis, ne peut, en présence du consentement du père, former opposition au mariage (p. 144-145).

V. — L'action en nullité est ouverte à la mère contre l'adoption de son enfant, prononcée sans que son consentement ait été obtenu ou son conseil requis (p. 153).

VI. — La mère qui a refusé la tutelle légale conserve le droit de nommer un tuteur testamentaire (p. 169 et s.).

VII. — La mère usufruitière légale conserve l'administration des biens compris dans son usufruit, bien que la tutelle soit passée en d'autres mains par suite de son refus ou même de sa destitution (p. 175 et suiv.).

VIII. — La dissolution du second mariage par la mort du mari ou même par une déclaration de nullité ne fait pas revivre au profit de la mère l'usufruit légal perdu par le convol (p. 188).

IX. — La mère remariée peut émanciper ses du premier lit sans l'autorisation de son second mari ou de justice (p. 186).

X. — La puissance paternelle n'est pas restreinte par l'inconduite notoire de la veuve comme par son second mariage (p. 192).

XI. — En cas d'absence du mari, la mère a le droit de constituer une dot à ses enfants sur les biens de communauté, et même sur les biens personnels du mari (p. 203-204).

XII. — Les articles 141-143 du Code civil ne sont pas applicables à la déclaration d'absence, sauf le cas où l'époux présent a opté pour la continuation provisoire de la commnauté (p. 209 et suiv.).

XIII. — La mère naturelle ne peut jamais que requérir la détention de ses enfants mineurs (p. 226 et suiv.).

XIV. — La tutelle légale n'appartient jamais aux parents naturels (p. 229 et suiv.).

DROIT PÉNAL.

I. — La déchéance prononcée par l'article 335 du Code pénal se restreint aux droits établis par le titre *de la Puissance paternelle*, et à la personne de l'enfant directement atteint par le délit (p. 197 et suiv.).

II. — L'usufruit des biens d'une succession dont le père a été exclu comme indigne appartient à la mère survivante, alors même qu'elle aurait été condamnée comme complice de son mari (p. 179).

DROIT DES GENS.

I. — Les capitaines de navires de commerce capturés peuvent être considérés comme prisonniers de guerre.

II. — Les biens abandonnés par leurs propriétaires en cas d'invasion ne doivent pas être considérés comme *res nullius*.

Vu par le Président de la thèse,
LABBÉ.

Vu par le Doyen de la Faculté,
G. COLMET-DAAGE.

Vu et permis d'imprimer,
Le Vice-Recteur de l'Académie de Paris,
A. MOURIER.

www.ingramcontent.com/pod-product-compliance
Ingram Content Group UK Ltd.
Pitfield, Milton Keynes, MK11 3LW, UK
UKHW021101230726
13926UKWH00004B/1961

9 782016 166451